Annette Matthes
Ihr Start ins Deutsche
Teil 2

Hempen Verlag

Annette Matthes

Ihr Start ins Deutsche

Alphabetisierungskurs für Erwachsene
Teil 2

HEMPEN VERLAG
BREMEN 2017

Illustrationen: Otfried Matthes

Die beiden Teile des Lehrwerks »Ihr Start ins Deutsche« entsprechen dem Niveau A1 des Europäischen Referenzrahmens.

Bibliografische Information Der Deutschen Nationalbibliothek
Die Deutsche Nationalbibliothek verzeichnet diese Publikation in der Deutschen Nationalbibliografie; detaillierte bibliografische Daten sind im Internet über http://dnb.d-nb.de abrufbar.

ISBN: 978-3-934106-73-4
2., korrigierte Auflage 2017

Hinweise und Anmerkungen, für die Autorin und Verlag jederzeit dankbar sind, bitten wir zu richten an:
Dr. Ute Hempen Verlag, Clausewitzstr. 12, 28211 Bremen
www.hempen-verlag.de; ute.hempen@hempen-verlag.de

Umschlaggestaltung: igelstudios, Igel b. Trier, www.igelstudios.de
Gesamtherstellung: Memminger MedienCentrum
Gedruckt auf alterungsbeständigem Papier
Printed in Germany

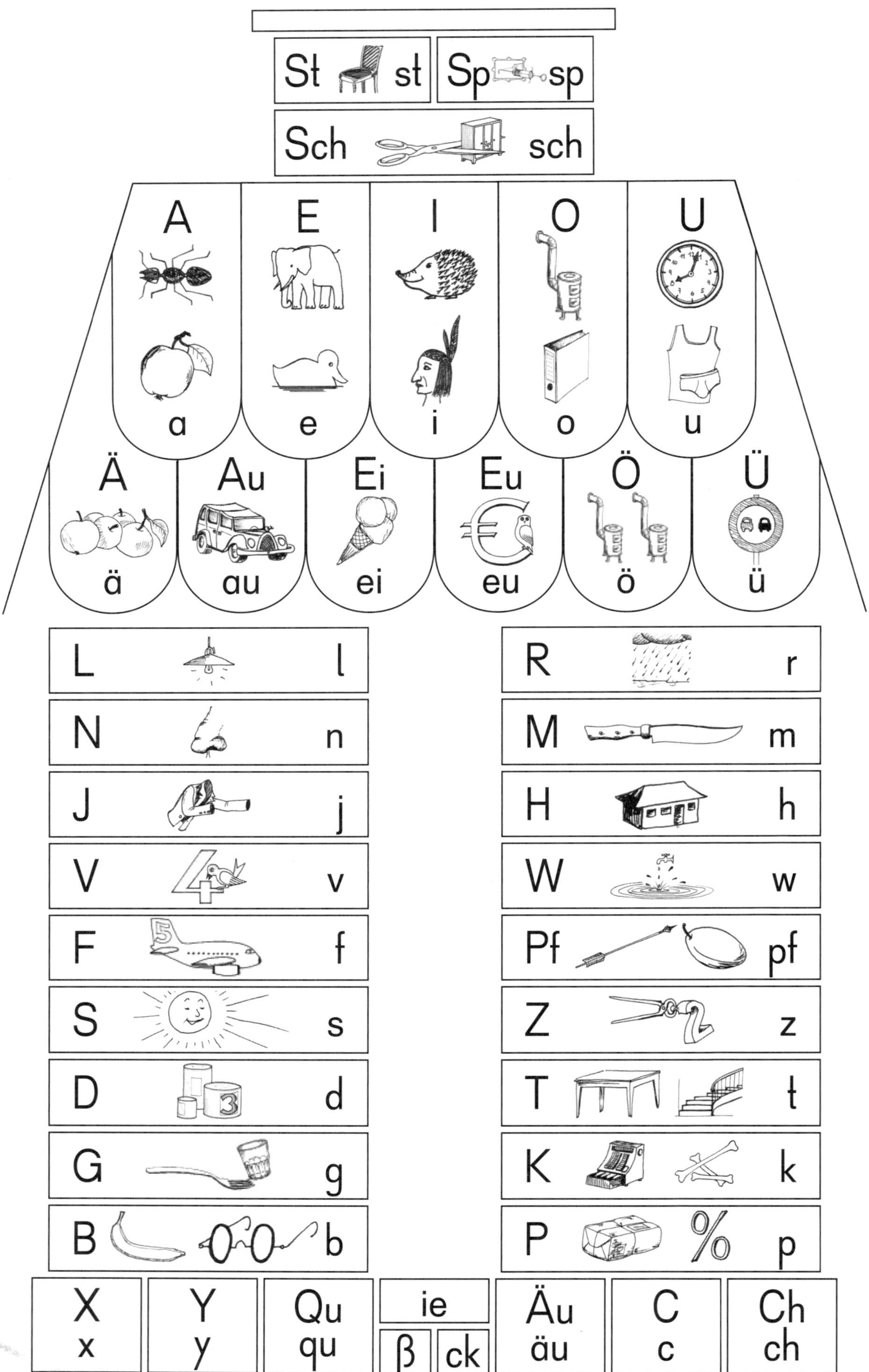
St st
Sp sp
Sch sch
A a
E e
I i
O o
U u
Ä ä
Au au
Ei ei
Eu eu
Ö ö
Ü ü
L l
R r
N n
M m
J j
H h
V v
W w
F f
Pf pf
S s
Z z
D d
T t
G g
K k
B b
P p
X x
Y y
Qu qu
ie
ß
ck
Äu äu
C c
Ch ch

Inhalt

Seite

Sich begrüßen

1. Was sagen die Personen? Schreiben Sie die Bildnummer zu jedem Gruß.

1 2 3 4 5 6 7

Guten Abend.

Guten Tag.

Guten Morgen.

Gute Nacht.

Hallo!

Auf Wiedersehen.

Tschüs!

2. Was passt? Schreiben Sie in die Sprechblasen.

L 11 Buchstabieren

1. Lesen Sie den Dialog.

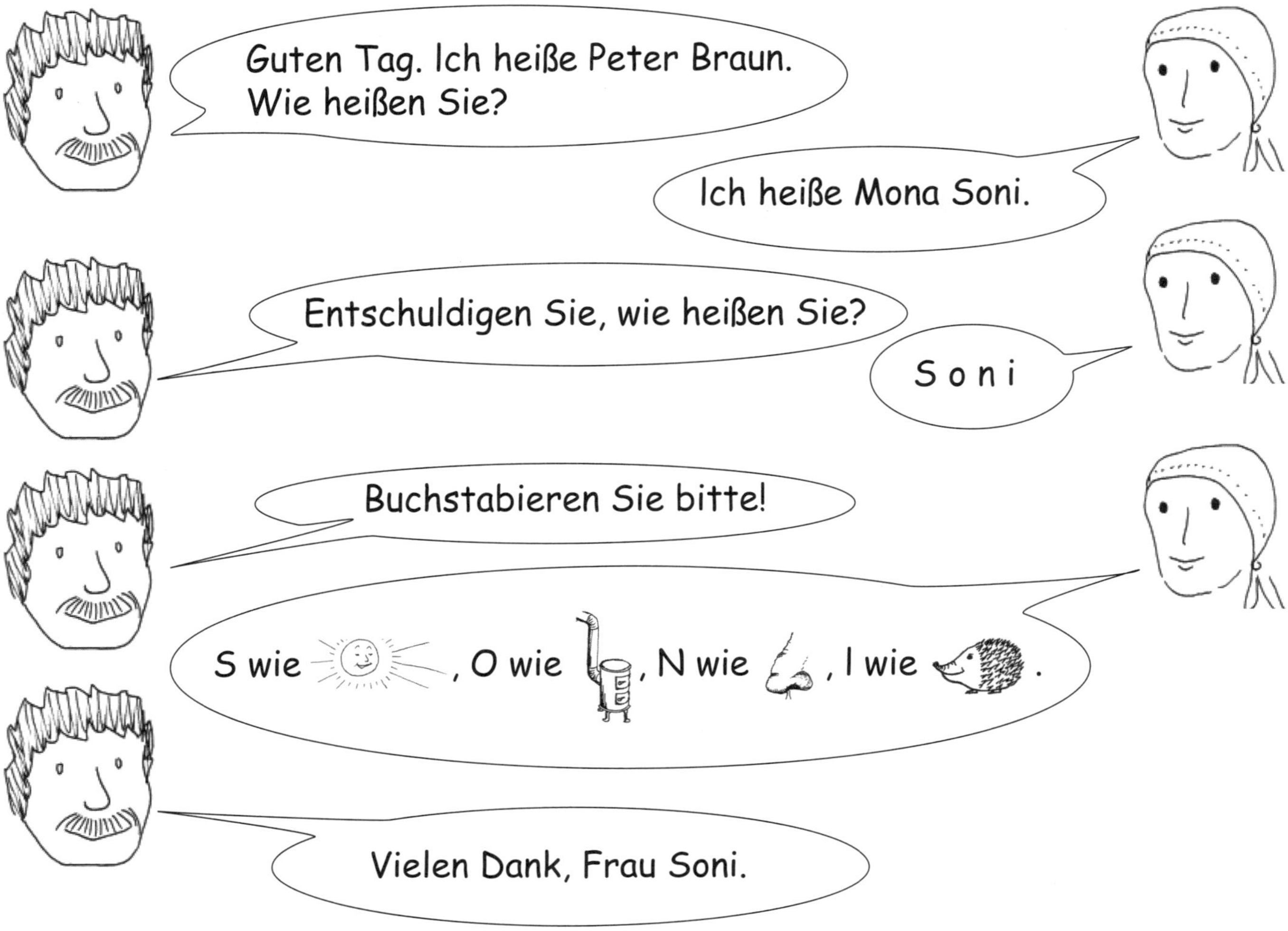

Guten Tag. Ich heiße Peter Braun. Wie heißen Sie?

Ich heiße Mona Soni.

Entschuldigen Sie, wie heißen Sie?

S o n i

Buchstabieren Sie bitte!

S wie , O wie , N wie , I wie .

Vielen Dank, Frau Soni.

2. Markieren Sie folgende Wörter im Dialog und notieren Sie die Anzahl.

Wort	Anzahl
Wie	
Sie	

Wort	Anzahl
heiße	
heißen	

Wort	Anzahl
Ich	
Buchstabieren	

3. Üben Sie den Dialog.

4. Mein Partner heißt:

Wortschatz: Anlaut-Haus
LES und WAH

A: Buchstabieren üben

1. Klappen Sie das Anlaut-Haus auf und üben Sie diesen Dialog.

2. Ihr Partner buchstabiert den Namen aus seinem Feld 1 (S. 4) mithilfe des Anlaut-Hauses. Sie schreiben den Namen in Ihr Feld 1.

1 _ _ _ _
2 _ _ __ _ _
3 _ _ _ _
4 _ _ _ _ _
5 Ich heiße **Frau Meier**
6 Ich heiße **Herr Neumann**
7 Ich heiße **Frau Lempel**
8 Ich heiße **Herr Hase**

Wortschatz: Anlaut-Haus
LES/HÖR/SCH

L 11 B: Buchstabieren üben

1. Klappen Sie das Anlaut-Haus auf und üben Sie diesen Dialog.

2. Buchstabieren Sie Ihrem Partner den Namen aus Ihrem Feld 1 mithilfe des Anlaut-Hauses. Ihr Partner schreibt den Namen in sein Feld 1 (S. 3).

1 Ich heiße **Frau Dose**
2 Ich heiße **Herr Fischer**
3 Ich heiße **Herr Igel**
4 Ich heiße **Frau Jäger**
5 __ ___ __ __
6 __ ___ __ __ __ __
7 __ __ __ __ __ __
8 __ __ __ __

Wortschatz: Anlaut-Haus
LES/HÖR/SCH

Das Alphabet

1. Die Buchstaben haben Namen.

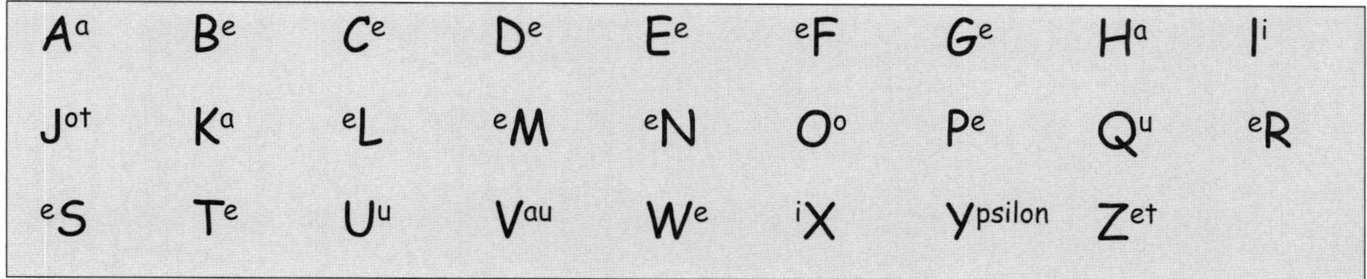

2. Im Alphabet haben die Buchstaben eine bestimmte Reihenfolge:

A B C D E F G H I J K L M N O P Q R S T U V W X Y Z

3. Fügen Sie die fehlenden großen Buchstaben ein.

__ B C D __ F G H __ J K L M N __
P Q R S T __ V W X Y Z

4. Fügen Sie die fehlenden kleinen Buchstaben ein.

a b c __ e f __ h i __ k l m __ o p __ r
s t __ v __ x y __

5. Die Wörterliste ist nach dem Alphabet geordnet und nummeriert.
Suchen und schreiben Sie die Wörter.

A 28	Alphabet, das	H 15	
A 36		H 28	
B 171		A 58	
B 175		h 42	
b 177		W 111	

L 11 ABC ... auswendig!

1. Schreiben Sie das Alphabet in großen Buchstaben.

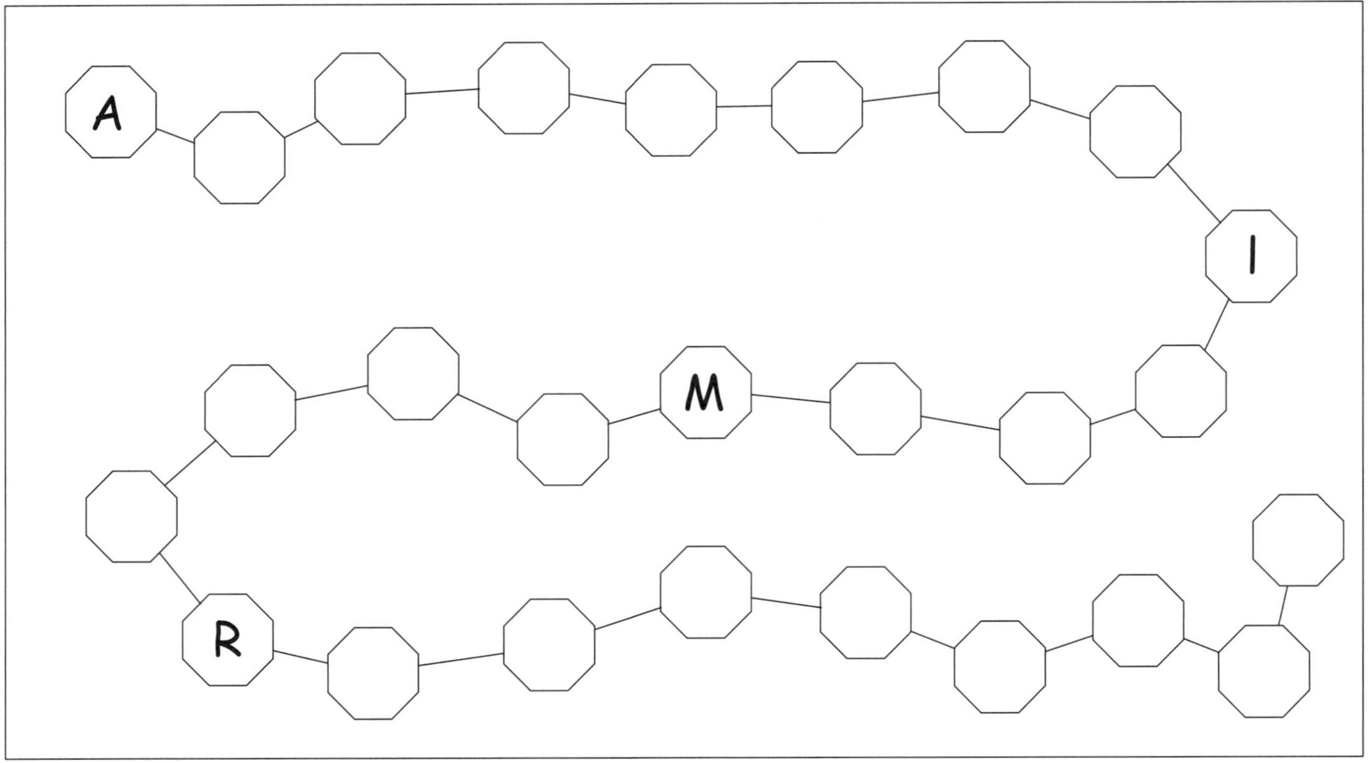

2. Schreiben Sie das Alphabet in kleinen Buchstaben.

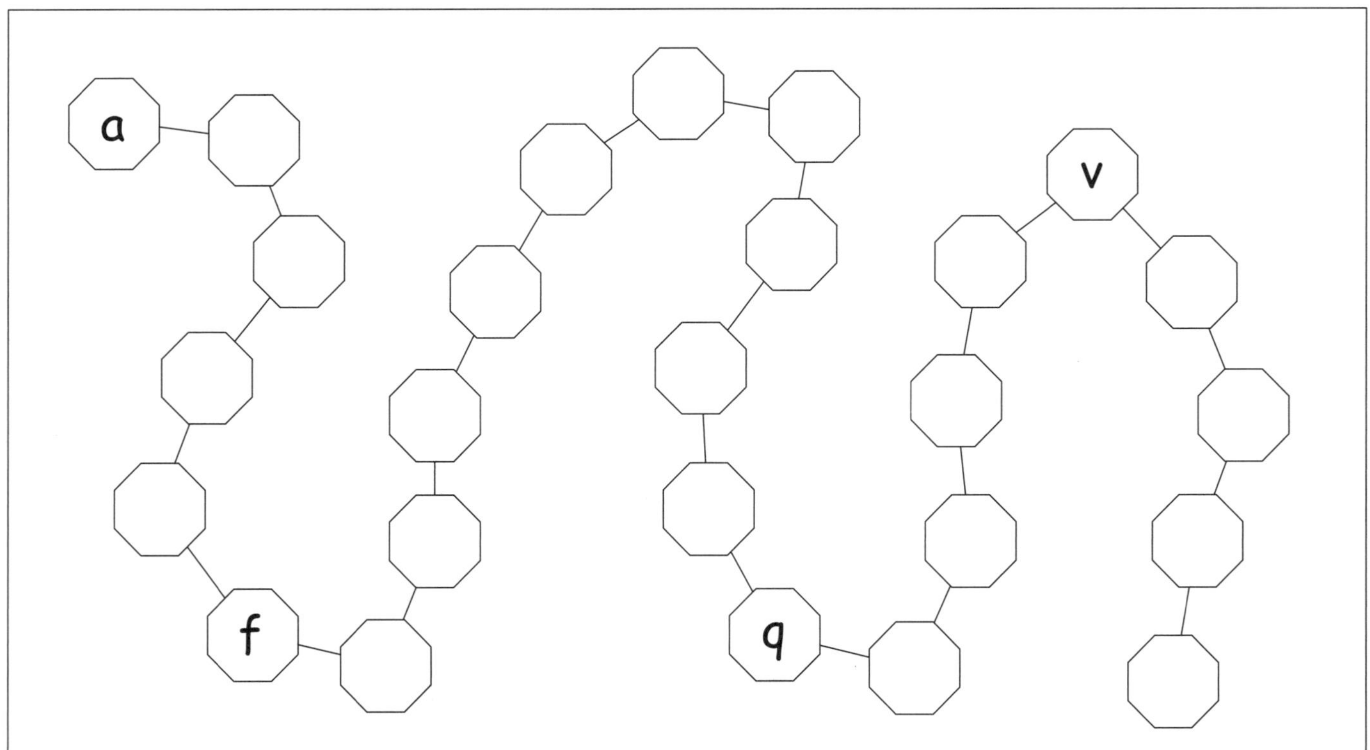

Was wird daraus?

L 11

1. Verbinden Sie die Punkte nach dem Alphabet.

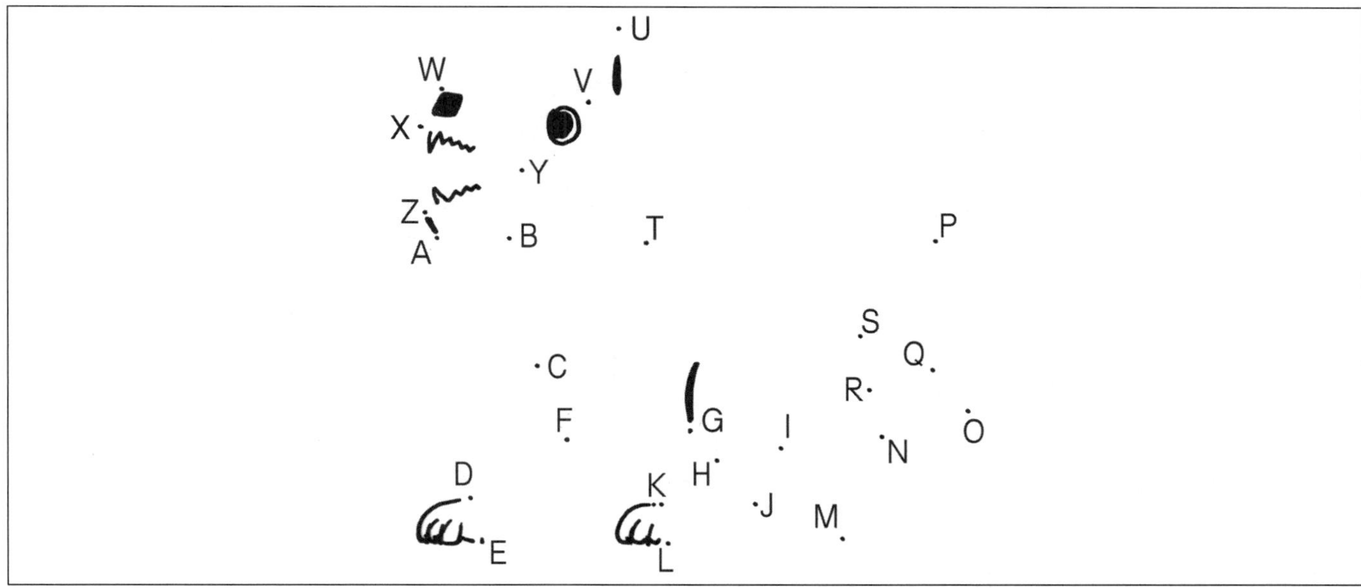

Was ist das? Schreiben Sie.

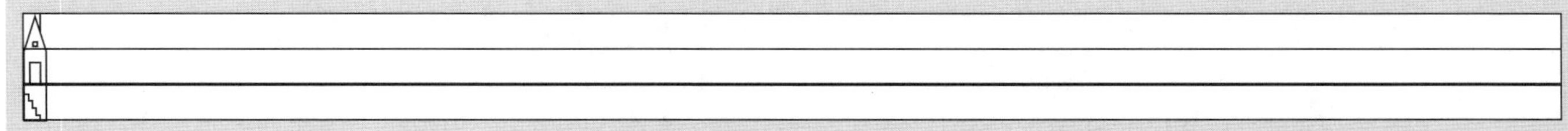

2. Verbinden Sie die Punkte nach dem Alphabet.

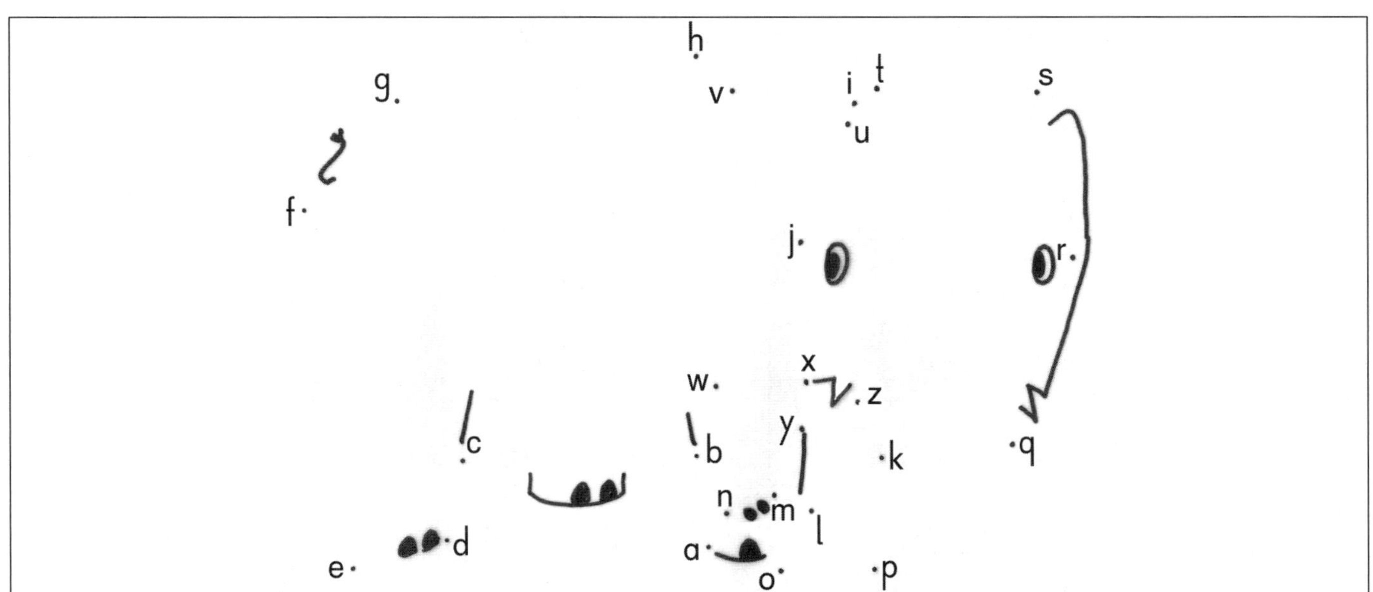

Was ist das? Schreiben Sie.

L 11 Vokale und Konsonanten

Ein **Laut** kann ein **Vokal** oder ein **Konsonant** sein.

Die Vokale sind: a – e – i – o – u
Die Konsonanten sind: b – c – d – f – g – h – j – k – l – m – n – p – q – r – s – t – v – w – x – y – z

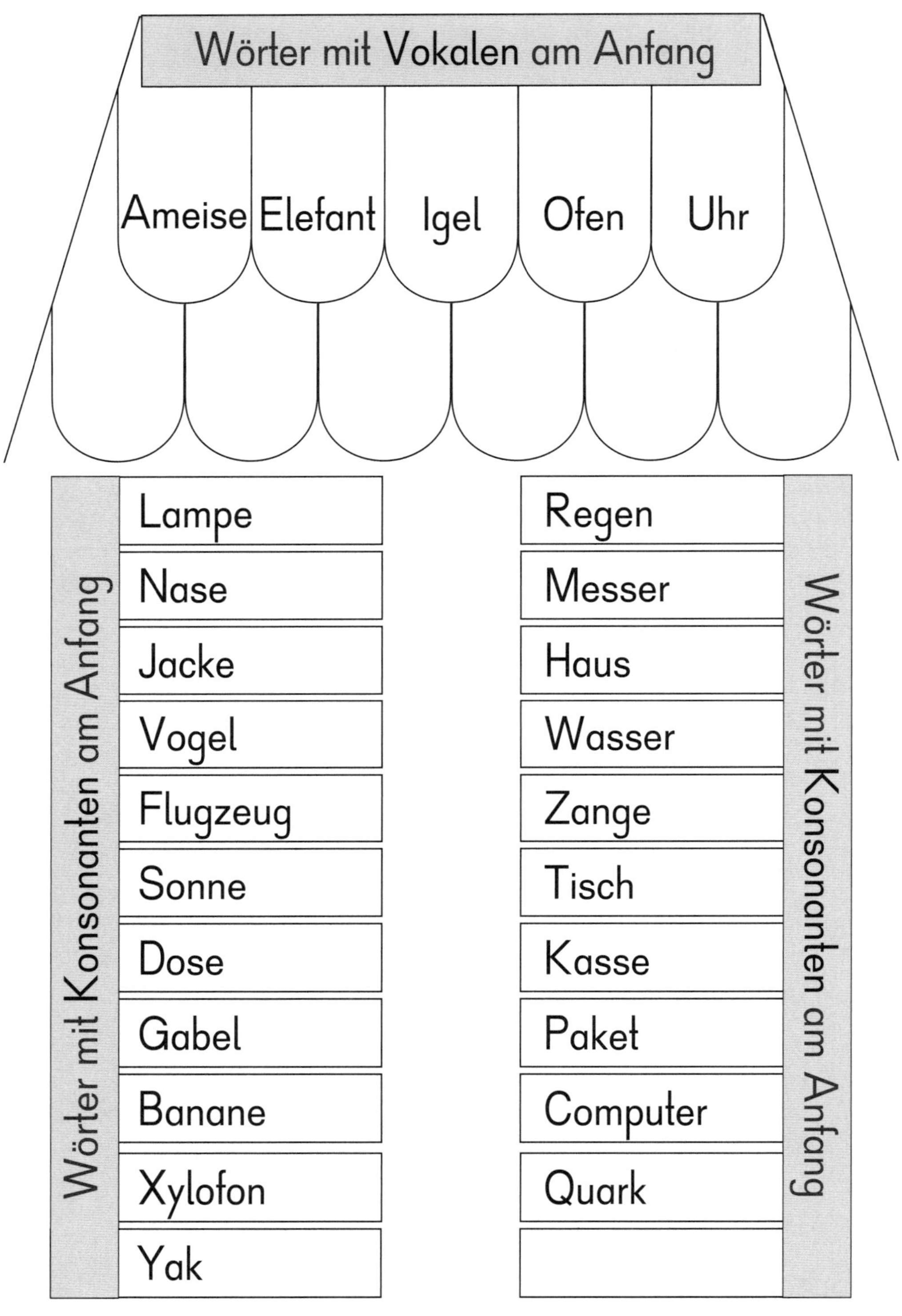

Schreiben Sie die Wörter aus dem Dach und den Mauern des Anlaut-Hauses nach dem Alphabet geordnet. ⇨

Anlaut-Haus – ABC

L 11

Ameise

Computer

Yak

Tisch

Paket

L 11 Die Silbe

Ein Wort kann aus einer **Silbe** oder mehreren Silben bestehen.
Jede Silbe hat **einen Vokal**.

Beispiel für ein Wort mit zwei Silben: Zan ge

Arbeiten Sie mit dem Anlaut-Haus. Schreiben Sie auf jeden Strich den passenden Laut. Schreiben Sie die Vokale in einer anderen Farbe.

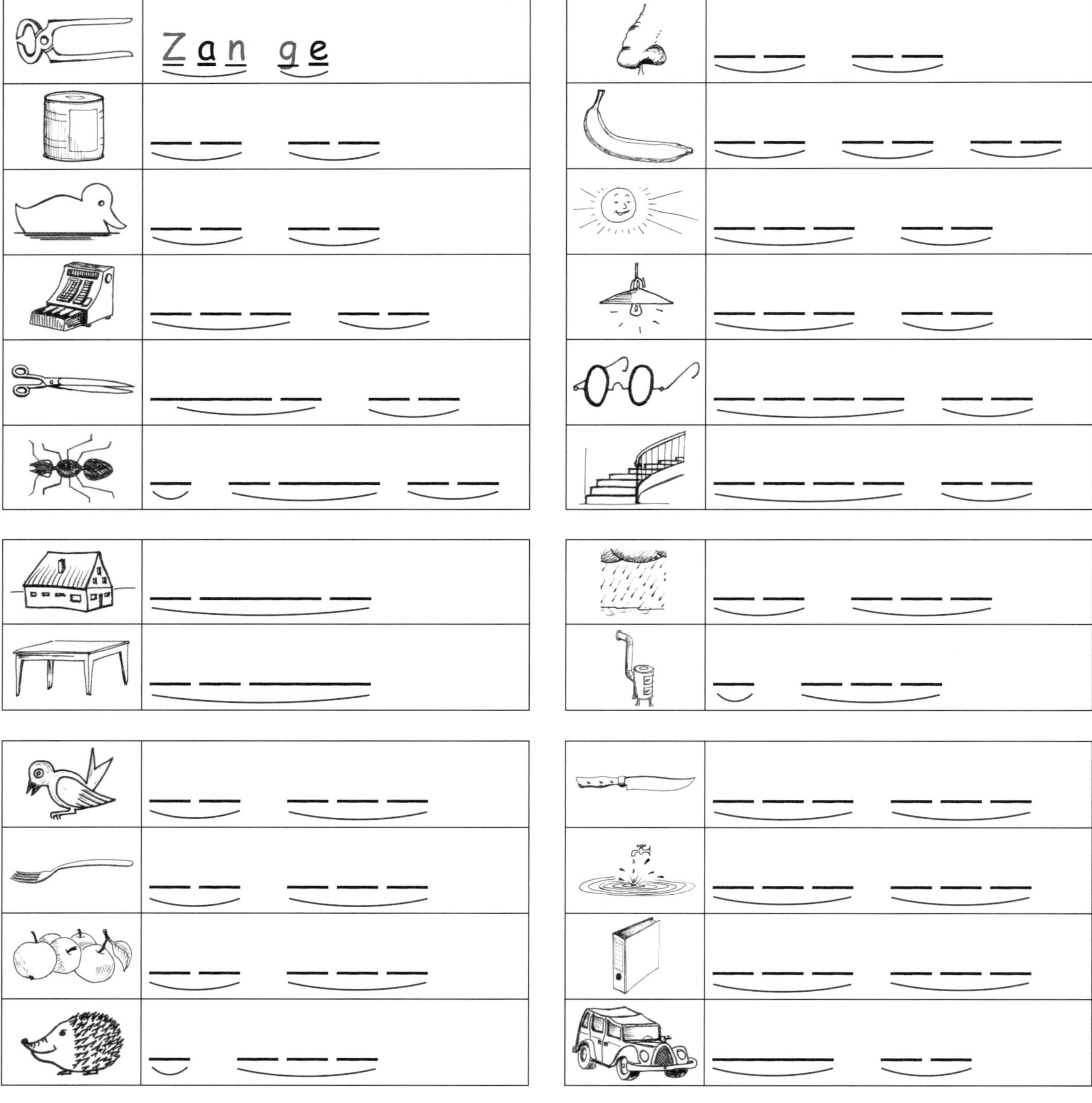

Wortschatz: Anlaut-Haus
SCH
Rechtschreibung: Vokale

Das Substantiv

L 11

Ein **Substantiv** (Nomen) ist ein Wort, das Personen, Tiere, Pflanzen und Dinge bezeichnet.
Jedes Substantiv hat **einen Artikel** (der, die, das).
Den Anfangsbuchstaben schreibt man **groß**.

Beispiele: der Indianer, der Mann, die Frau, das Kind
der Baum, die Blume, das Gras
der Tisch, die Brille, das Kleid

Substantive immer mit **Artikel** aufschreiben!

1. Welches Substantiv passt nicht?

der Tisch

2. Und Sie? Welche Tiere kennen Sie?

L 11 Substantive suchen

1. In dieser Buchstabenreihe sind vier Substantive versteckt.
   a) Trennen Sie die Wörter mit einem senkrechten Strich.

Treppe|HausRegenSchereEnte

   b) Schreiben Sie die Substantive.
   Lassen Sie zwischen den Wörtern einen Abstand.

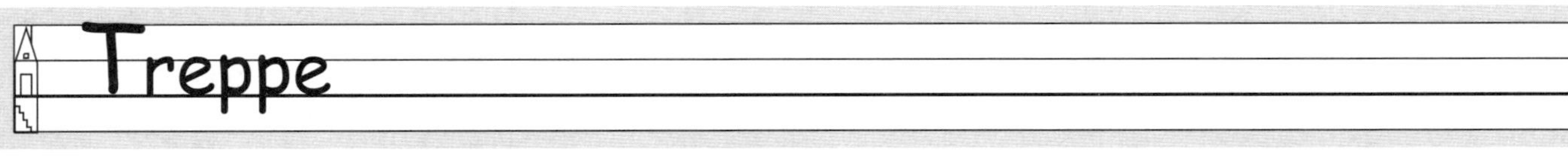

2. Hier sind auch Substantive versteckt.

Nur den ersten Buchstaben **groß** schreiben!

GABELVOGELIGELEISAPFELOFENMESSER

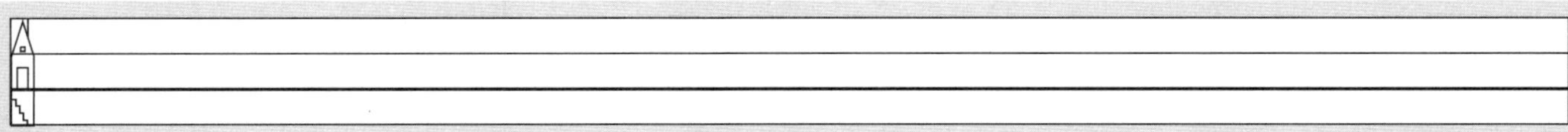

WASSERKASSEUHREUROUNTERWÄSCHE

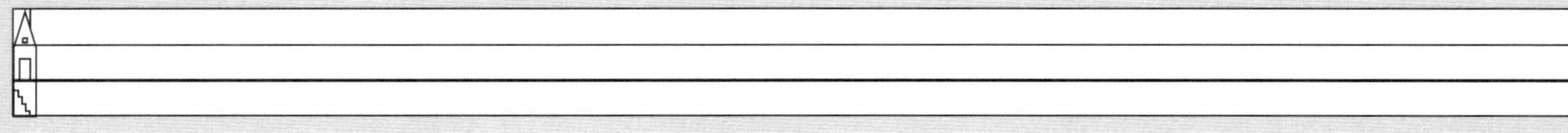

3. Suchen Sie das Substantiv in der Wörterliste. Schreiben Sie es mit dem Artikel.

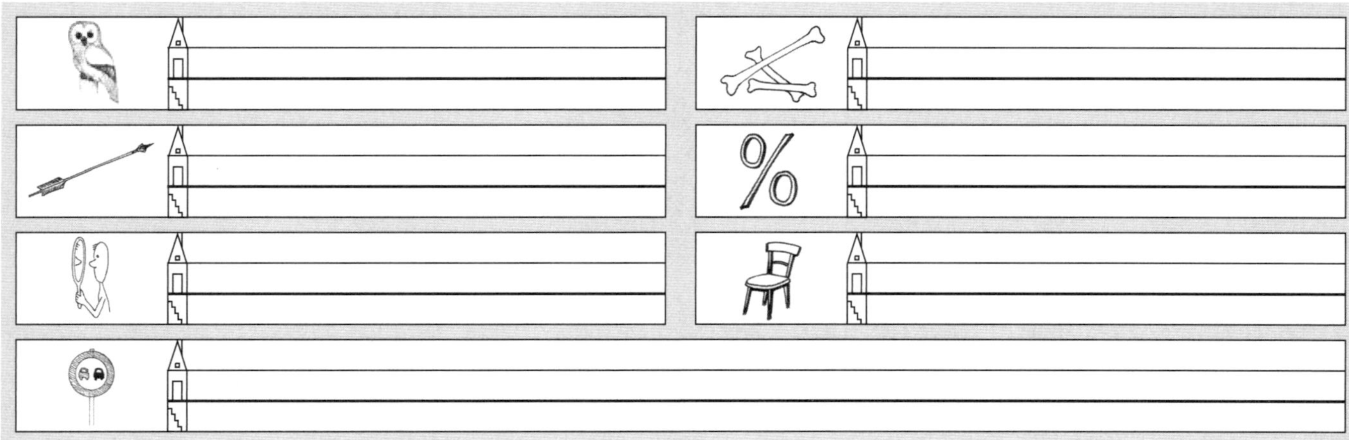

Kurze und lange Vokale

L 11

Ein Vokal kann	lang	oder	kurz	sein.
Beispiele:	Nase		nass	

1. Schreiben Sie die Wörter ab.
   Schreiben Sie die Vokale in einer anderen Farbe.

Wasser	Wasser	lesen	
Telefon		schlafen	
Schrank		hören	
wo		und	

2. Lesen Sie die Wörter. Kennzeichnen Sie einen langen Vokal mit einem Strich, einen kurzen Vokal mit einem Punkt.

Nase	nass
Fete	Fett
Ofen	offen
Paket	Pappe
Miete	Mitte

Tele	Treppe
beten	Bett
schlafen	schlaff
Mut	Mutter
Spiegel	Spinne

L 11 Silbenrätsel

1. Sortieren Sie die Wörter von S. 13 nach den Doppelkonsonanten:

Nach einem kurzen Vokal stehen oft doppelte (zwei gleiche) Konsonanten.

2. Silbenrätsel: Was passt zusammen? Schreiben Sie die Wörter.

Jede Silbe hat einen Vokal.

Son Was Trep Kas se ne pe ser

Mes Mut Num Bril mer ter ser le

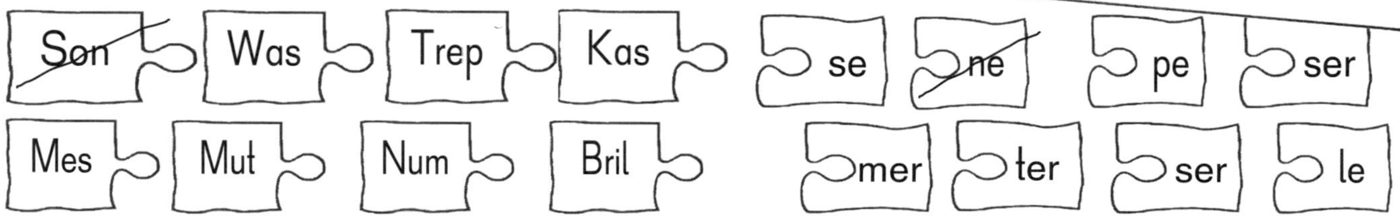

3. Und Sie? Kennen Sie noch andere Wörter mit Doppelkonsonanten?

Ist das richtig?

L 11

1. Lesen Sie die Wörter genau!
   Streichen Sie die falsch geschriebenen Wörter durch.

~~die Sere~~	die Schere	~~die Scherie~~	
die Fase	die Felasche	die Flasche	
die Lanpe	die Lamp	die Lampe	
die Tü	die Tur	die Tür	
die Bille	die Brill	die Brille	
das Hus	das Haus	das Hause	
das Gelas	das Glaus	das Glas	
das Buch	das Boch	das Busch	
das Fenter	das Fensta	das Fenster	

2. Unterstreichen Sie die Substantive.

Mutter	Kind	schreiben	bitte	Tabelle	lesen	Apfel	
Banane	essen	Frau	wie	die	Tag	Peter	Buchstabe
und	Wort	der	was	ist	Ameise	Tisch	sprechen

Lösungen siehe Anhang

L 11 Rund ums Begrüßen

Was fällt Ihnen zu dem Thema »sich begrüßen« ein?

Wortschatz: sich begrüßen
SCH

Sich kennenlernen

1. Was fragen die Personen?

2. Schreiben Sie die passende Frage zu den Personen.

Wo wohnen Sie?	Woher kommen Sie?	~~Wie heißen~~ Sie?
Haben Sie Kinder?	Sprechen Sie Deutsch?	

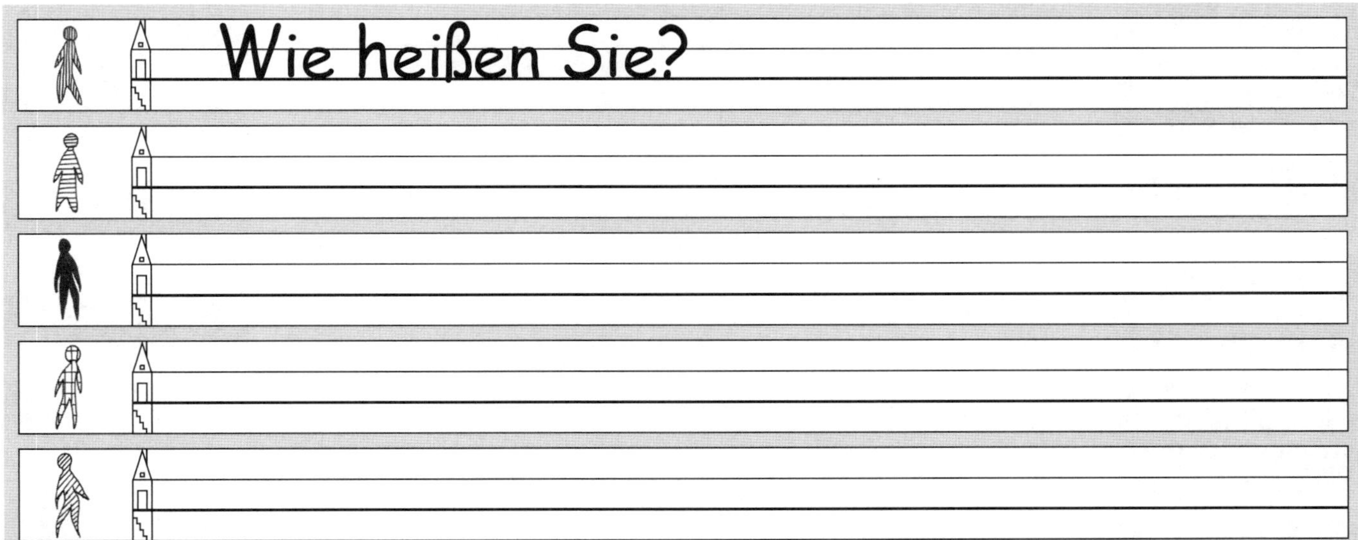

3. Und Sie? Wie heißen Sie?

L 12 Ländernamen ordnen

1. Ordnen Sie die Ländernamen nach dem Alphabet.

Deutschland	Österreich	Afghanistan	Ghana	China	Iran	Türkei
Rumänien	Ungarn	Finnland	England	Peru	Brasilien	Syrien	Libanon

2. Suchen Sie diese Länder in einem Atlas.

Wortschatz: Länder
LES und WAH/SCH
Rechtschreibung: Alphabet

Lösungen siehe Anhang

Wörter würfeln: Länder

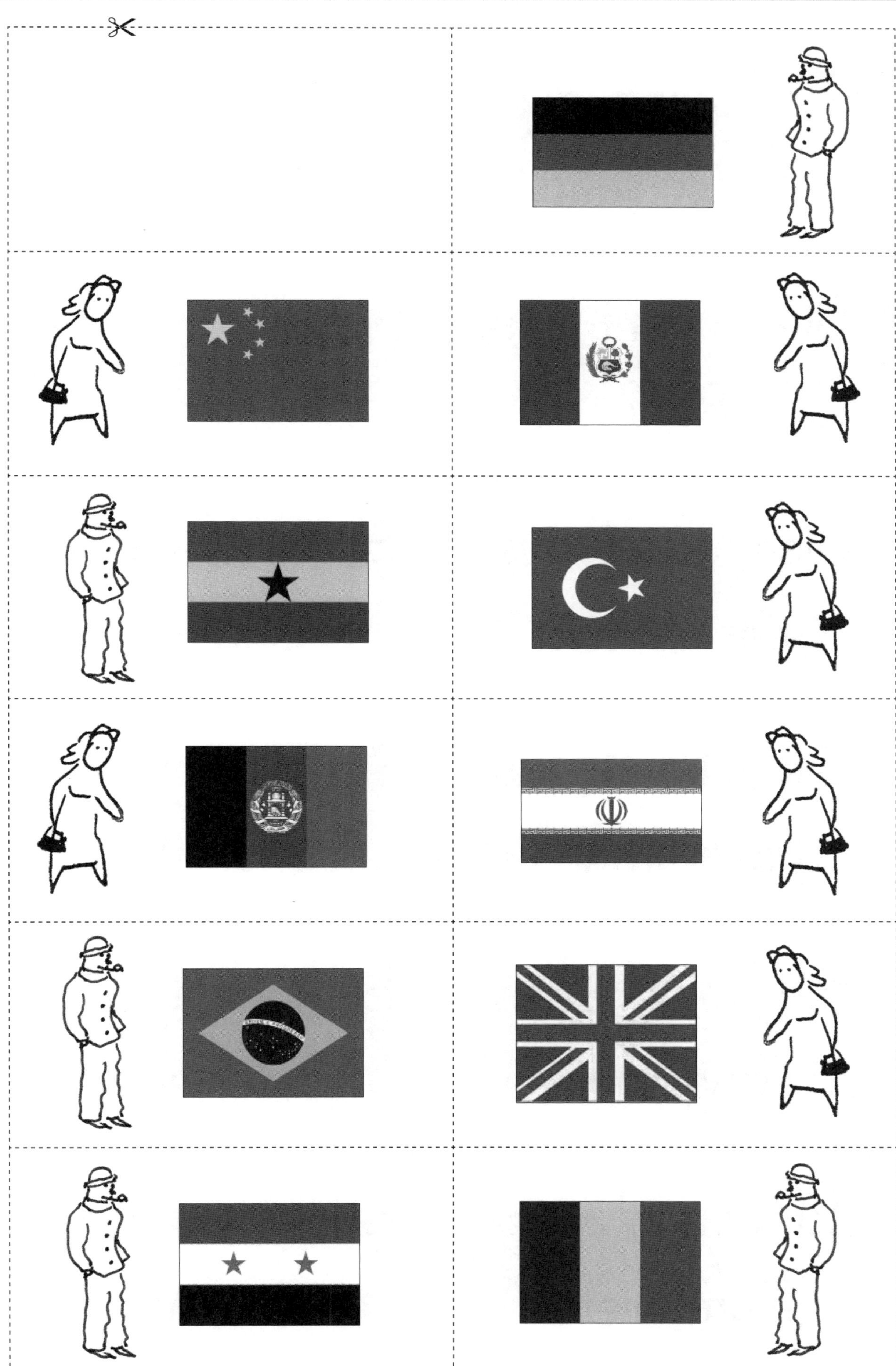

L 12 Wörter würfeln: Länder

Er kommt aus Deutschland.	
Sie kommt aus Peru.	Sie kommt aus China.
Sie kommt aus der Türkei.	Er kommt aus Ghana.
Sie kommt aus dem Iran.	Sie kommt aus Afghanistan.
Sie kommt aus England.	Er kommt aus Brasilien.
Er kommt aus Rumänien.	Er kommt aus Syrien.

Der Aussagesatz

L 12

Im **Aussagesatz** steht das konjugierte Verb an 2. Stelle.
Das erste Wort im Satz schreibt man groß.
Am Ende des Aussagesatzes steht ein **Punkt**.

	Position 1	Position 2	
Beispiele:	Peter	kommt	aus Deutschland.
	Er	wohnt	in Hamburg.
	Frau Soni	hat	drei Kinder.

Personen	Länder
Keebe	Ghana
Mona	Afghanistan
Maria	Peru
Amine	(aus der) Türkei
Huy	China
Emre	(aus dem) Iran
Peter	Deutschland

1. Schreiben Sie Aussagesätze mit den Personen und Ländern aus der Tabelle.

Keebe kommt aus Ghana.

2. Und Ihr Partner? Woher kommt er?

Grammatik: Aussagesatz
Rechtschreibung: Satzzeichen

L 12 Im Deutschkurs

1. Die Personen lernen Deutsch in einem Deutschkurs. Lesen Sie den Dialog.

Guten Tag. Ich heiße Peter Braun.
Wie heißen Sie?

Ich heiße Mona Soni.

Ich komme aus Deutschland.
Woher kommen Sie, Frau Soni?

Ich komme aus Afghanistan.

Ich heiße Latifa Jafari.
Und wie heißen Sie?

Ich heiße Keebe Dabo.

Woher kommen Sie, Herr Dabo?

Ich komme aus Afrika.
Woher kommen Sie?

Ich komme aus dem Iran.

2. Markieren Sie folgende Wörter im Dialog und notieren Sie die Anzahl.

Wort	Anzahl
Woher	
aus	

Wort	Anzahl
komme	
kommen	

Wort	Anzahl
Frau	
Herr	

3. Üben Sie den Dialog.

4. Und Sie? Woher kommen Sie?

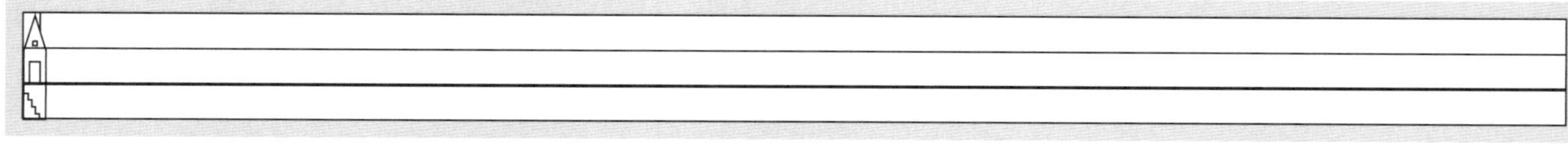

Übungen zum Dialog

5. Beantworten Sie die Fragen zum Dialog. Schreiben Sie eine kurze Antwort!

a) Wer kommt aus Afrika?

b) Wer kommt aus Afghanistan?

c) Wer kommt aus Deutschland?

d) Woher kommt Frau Jafari?

e) Wie heißt Herr Dabo mit Vornamen?

f) Wie viele Personen unterhalten sich?

g) Wo sind die Personen?

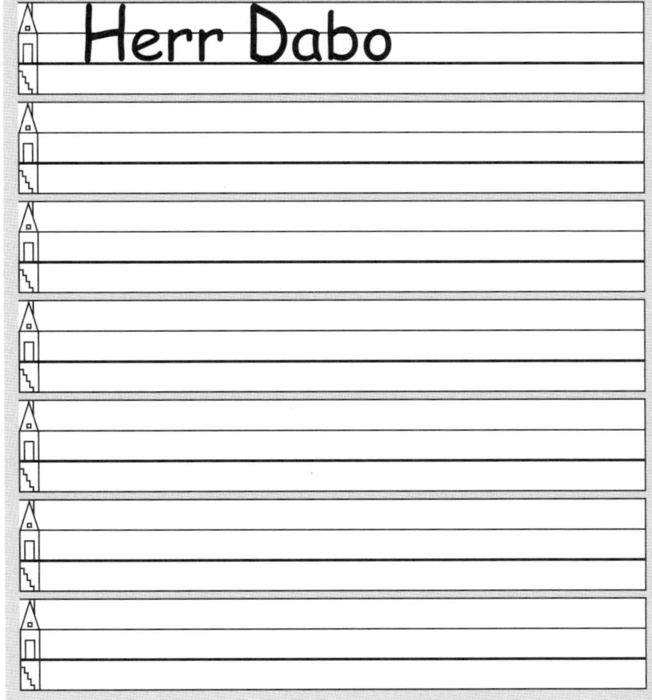

Lernwörter

So arbeitet man mit den Lernwörtern:
Zuerst das Wort lesen → dann abdecken → dann schreiben → dann vergleichen!

6. Schreiben Sie diese Lernwörter.

a) Lernwörter: heißen, ich heiße, er heißt, kommen, ich komme, er kommt

b) Lernwörter: Frau, Herr, aus, woher, wie, Sie

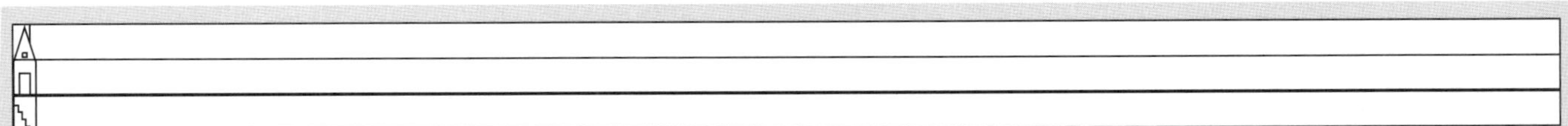

c) Schreiben Sie eigene Lernwörter.

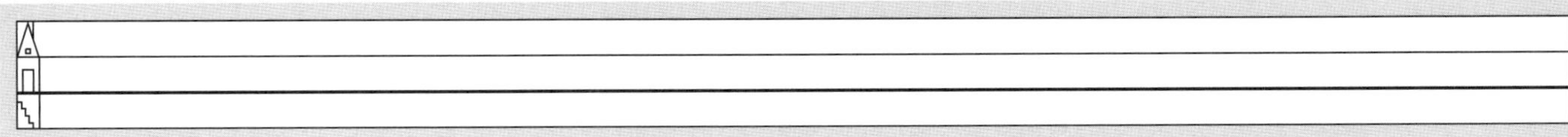

Wortschatz: Fragewörter
LES und SCH
Rechtschreibung: Lernwörter

L 12 Versteckte Sätze

1. Hier ist ein Aussagesatz versteckt.
   a) Trennen Sie die Wörter mit einem senkrechten Strich.

IchkommeausderTürkei.

b) Schreiben Sie den Satz.

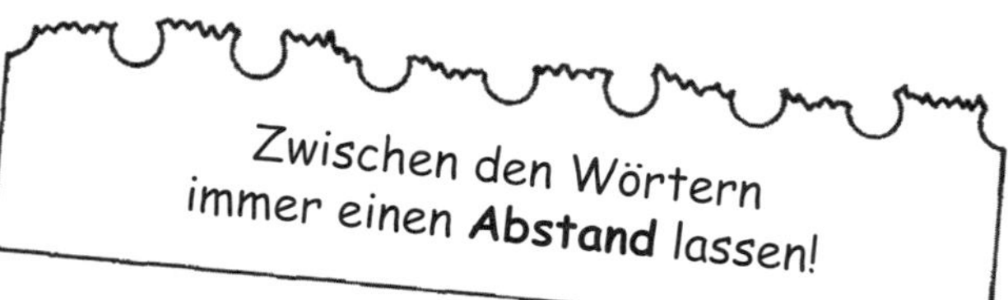

Ich k

2. Jetzt wird es schwieriger. Wie heißt dieser Satz?

Substantive und das erste Wort im Satz **groß** schreiben!

ICHKOMMEAUSDEUTSCHLAND.

3. Hier sind zwei Aussagesätze versteckt.

HERRDABOKOMMTAUSAFRIKAFRAUJAFARIKOMMTAUSDEMIRAN.

Lösungen siehe Anhang

Das Verb

L 12

Ein **Verb** ist ein Wort, das sagt, was jemand tut oder was geschieht.
Jedes Verb besteht aus Verbstamm und Endung.
Die Endung richtet sich nach der **Person**.
Verben schreibt man **klein**.

ich stehe
du stehst
er steht
wir stehen
ihr steht
sie stehen

Schreiben Sie die Verben. Achten Sie auf das Personalpronomen.

Verbstamm

komm | ~~e~~ | st | t | en | t | en

ich komme
du
er, sie, es

wir
ihr
sie

Verbstamm

wohn | t | t | en | en | st | e

ich
er
du

wir
ihr
sie

Verbstamm

frag | e | st | t | t | t | en

wir
es
er

du
ihr
ich

L 12 Das Personalpronomen

	Singular	Plural
1. Person:	ich	wir
2. Person:	du	ihr
3. Person:	er/sie/es	sie

Schreiben Sie den passenden Satz zu jedem Bild.

Sie schreibt.	Er schreibt.	Es schreibt.	Ich schreibe.
Was schreibst du?	Sie schreiben.	Ich gehe zur Schule.	Wohin geht ihr?
Wir gehen nach Hause.	Sie gehen zur Arbeit.		

Lösungen siehe Anhang

Verb-Endungen

Welches Personalpronomen passt zu welchem Verb?
Schneiden Sie die Karten aus und legen Sie die passenden Karten zusammen.

ich	ich	gehe	gehen
ich	du	gehst	geht
du	du	gehen	geht
er	er	heiße	heißt
es	es	kommen	kommst
wir	wir	fragt	schreibt
wir	ihr	schläft	schlaft
ihr	ihr	sprechen	schwimme
sie	sie	wohnst	wohnt
sie	ich	kaufen	kauft
du	er	liest	lese

Wie viele Kinder haben Sie? L 12

1. Lesen Sie den Dialog.

Frau Jafari, wie viele Kinder haben Sie?

Ich habe vier Kinder, drei Töchter und einen Sohn.

Ich habe eine Tochter und zwei Söhne.

Wie alt sind Ihre Kinder?

Meine Tochter ist 5 Jahre alt und meine Söhne sind 3 Jahre und 9 Jahre alt.

2. Markieren Sie folgende Wörter im Dialog und notieren Sie die Anzahl.

Wort	Anzahl
habe	
ist	
sind	

Wort	Anzahl
Kinder	
Tochter	
Töchter	

Wort	Anzahl
Jahre	
Sohn	
Söhne	

3. Üben Sie den Dialog.

4. Wie viele Kinder hat Ihr Partner?

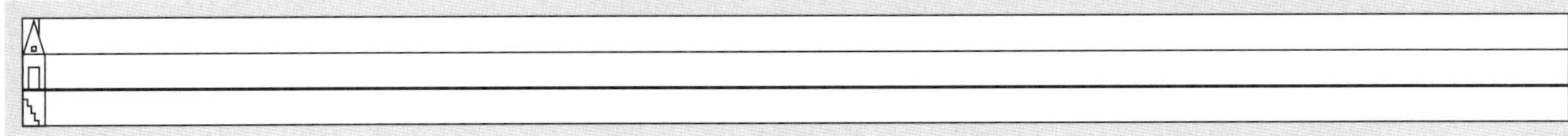

5. Wie alt sind seine Kinder?

L 12 Latifa stellt sich vor.

1. Welcher Satz passt zu welchem Bild?

- (10) Ich komme aus dem Iran.
- ( ) Jetzt bin ich in Deutschland.
- ( ) Ich wohne in Hamburg.
- ( ) Ich habe vier Kinder.
- ( ) Ich habe leider kein Telefon.
- ( ) Ich arbeite in einem Restaurant.
- ( ) Nachmittags gehe ich zur Schule.
- ( ) Dort lerne ich Deutsch.
- ( ) Ich spreche schon ein wenig Deutsch.
- ( ) Abends mache ich meine Hausaufgaben.
- ( ) Dabei höre ich gerne Musik.
- ( ) Meistens gehe ich um 22.00 Uhr ins Bett.

Ali stellt sich vor.

L 12

1. Ali hat sich Stichworte notiert. Erzählen Sie.

zwei Kinder	Deutsch	Pizza
aus der Türkei	in Frankfurt	Tee
in einem Kaufhaus	Zeitung	45 Jahre alt
verheiratet	seit 4 Jahren in Deutschland	

2. Ergänzen Sie die Sätze mithilfe der Stichworte.

Am Ende des Aussagesatzes steht ein **Punkt**.

Ali kommt ______.

Er wohnt ______.

Er hat ______.

Er ist ______.

Er ist ______.

Er arbeitet ______.

Er lernt ______.

Er liest gerne ______.

Er isst gerne ______ und trinkt gerne ______.

Er ist ______.

3. Und Sie? Seit wann sind Sie in Deutschland?

______

L 12 Sich vorstellen

1. Setzen Sie die passende Verb-Endung ein.

a) Ich heiß__ Annette Matthes.
b) Ich komm__ aus Deutschland.
c) Mein Mann komm__ aus Süddeutschland.
d) Er heiß__ Otfried Matthes.
e) Wir wohn__ in Hamburg.
f) Wir hab__ zwei Kinder, eine Tochter und einen Sohn.
g) Sie geh__ noch zur Schule.
h) Ich arbeit__ als Lehrerin.

2. Und Sie? Stellen Sie sich vor.

Ich

Lösungen siehe Anhang

Welche Antwort passt? L 12

Kreuzen Sie die richtige Antwort an.

a) Woher kommen Sie?

- ☐ Ich heiße Maria.
- ☐ Er kommt aus Frankreich.
- ☐ Ich komme aus Frankreich.

b) Wie heißen Sie?

- ☐ Guten Tag.
- ☐ Ich heiße Peter.
- ☐ Er heißt Peter.

c) Wo wohnt Peter?

- ☐ Er wohnt in München.
- ☐ Er kommt aus München.
- ☐ Ich wohne in München.

d) Wie heißt Ihre Lehrerin?

- ☐ Ich heiße Annette Matthes.
- ☐ Er heißt Annette Matthes.
- ☐ Sie heißt Annette Matthes.

e) Was trinken Sie gerne?

- ☐ Ich trinke gerne Brot.
- ☐ Ich esse gerne Apfelsaft.
- ☐ Ich trinke gerne Apfelsaft.

f) Es ist 21.00 Uhr. Du musst ins Bett.

- ☐ Guten Abend.
- ☐ Gute Nacht.
- ☐ Auf Wiedersehen.

Lösungen siehe Anhang

L 12 Rund um Länder

Was fällt Ihnen zum Thema »Länder« ein?

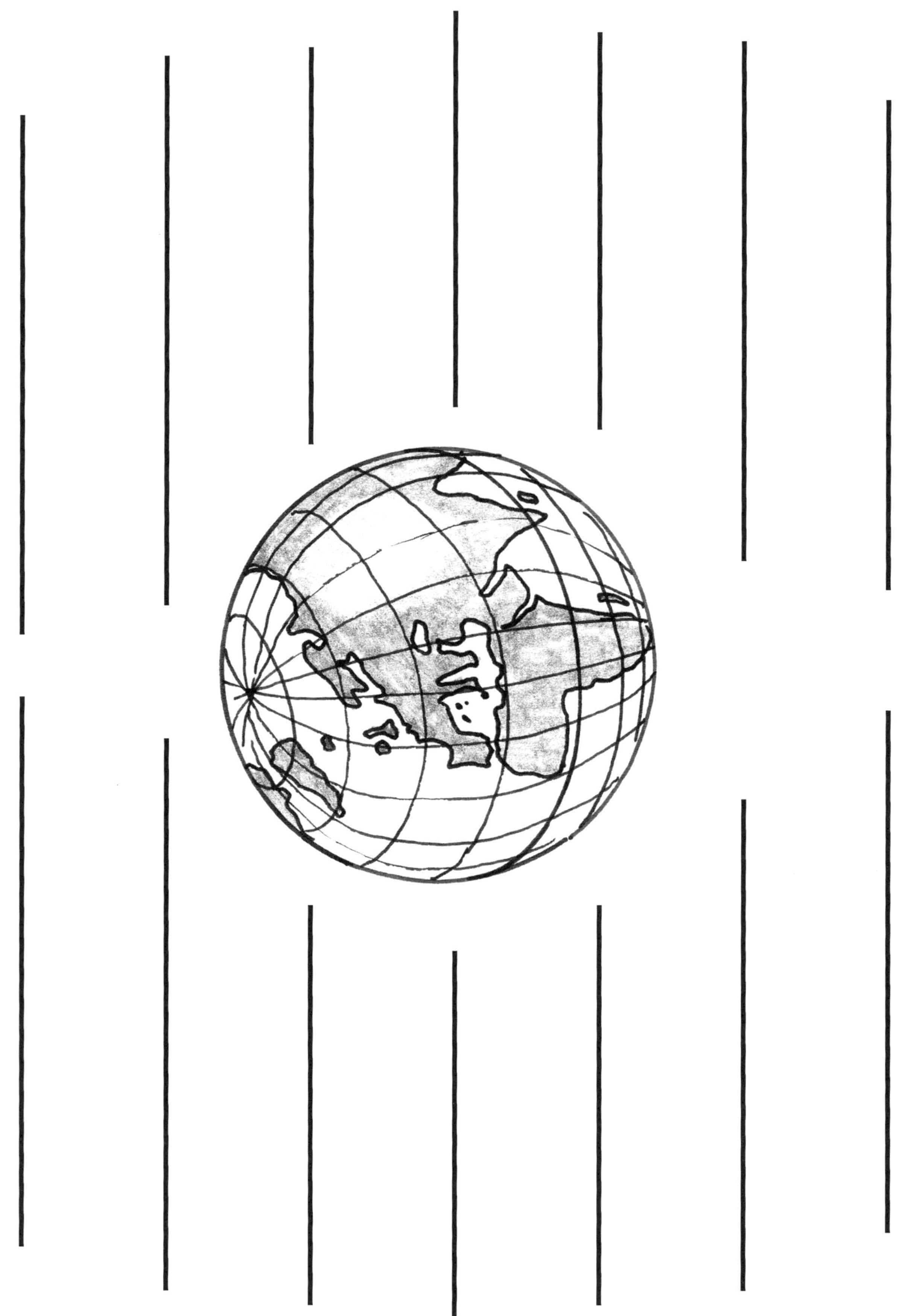

Das Alter

L 13

1. Was sagen die Personen? Schreiben Sie in die Sprechblasen.

2. Und Sie? Wie alt sind Sie?

L 13 Berufe

An der Endung »in« erkennt man, dass es sich um eine Frau handelt.

	Mann	Frau
Beispiele:	der Lehrer	die Lehrerin
	der Arzt	die Ärztin

Verkäuferin Kassiererin Taxifahrer Sekretärin Briefträger
Kellner Krankenschwester Krankenpfleger Maler

Substantive immer **mit Artikel** aufschreiben!

Schreiben Sie die passende Berufsbezeichnung zu den Bildern.

Beruf	Mann	Frau
	der Verkäufer	die Verkäuferin

Lösungen siehe Anhang

Das Verb »sein« L 13

	Singular (sein)			Plural (sein)	
1. Person:	ich	bin	1. Person:	wir	sind
2. Person:	du	bist	2. Person:	ihr	seid
3. Person:	er/sie/es	ist	3. Person:	sie/Sie	sind

1. Was passt zusammen?

	Ich		sind Bauarbeiter.
	Du		ist Busfahrer.
	Er		bin Lehrerin.
	Sie		sind Köche.
	Wir		seid Schüler.
	Ihr		bist Bäcker.
	Sie		ist Hausfrau.

2. Ein Rätsel: Welcher Beruf ist das?
   Eine Frau trägt Briefe aus. Sie ist eine ______________________ .

3. Und Sie? Was sind Sie von Beruf?

L 13 Arbeitslos!

1. Lesen Sie den Dialog.

Hallo Keebe. Wie geht es dir?

Danke gut. Ist der Lehrer noch nicht da?

Nein, er hat verschlafen und kommt etwas später.

Was bist du eigentlich von Beruf?

Ich bin Verkäuferin. Und du?

Ich bin Koch. Was ist denn dein Mann von Beruf?

Er ist auch Verkäufer, aber Autoverkäufer.

Ihr seid beide Verkäufer?

Ja, aber wir sind beide arbeitslos.

2. Was ist richtig? Kreuzen Sie an.

☐ Mona hat Arbeit. ☐ Mona ist arbeitslos. ☐ Mona ist Autoverkäuferin. ☐ Mona ist Verkäuferin.	☐ Monas Mann ist Automechaniker. ☐ Monas Mann ist Autoverkäufer. ☐ Monas Mann ist Koch. ☐ Monas Mann ist arbeitslos.
☐ Keebe ist Autoverkäufer. ☐ Keebe ist Kellner. ☐ Keebe ist Koch.	☐ Der Lehrer ist schon da. ☐ Der Lehrer kommt später. ☐ Der Lehrer hat verschlafen.

3. Umkreisen Sie die Verbformen von »sein« im Dialog.

4. Und Sie? Haben Sie Arbeit?

Wortschatz: Berufe
Grammatik: Verb »sein«
LES

Lösungen zu 2. siehe Anhang

Wörter würfeln: Berufe

Wortschatz: Berufe
Grammatik: 3. Pers. Sg. »sein«

L 13 Wörter würfeln: Berufe

Er ist Bäcker.	
Er ist Koch.	Sie ist Köchin.
Er ist Arzt.	Sie ist Ärztin.
Sie ist Krankenschwester.	Er ist Krankenpfleger.
Er ist Hausmeister.	Sie ist Kassiererin.
Er ist Briefträger.	Sie ist Kellnerin.

Anzahl erfragen

1. Üben Sie diesen Dialog.

A: Wie viele Bücher sind das?

B: Das sind 8 Bücher.

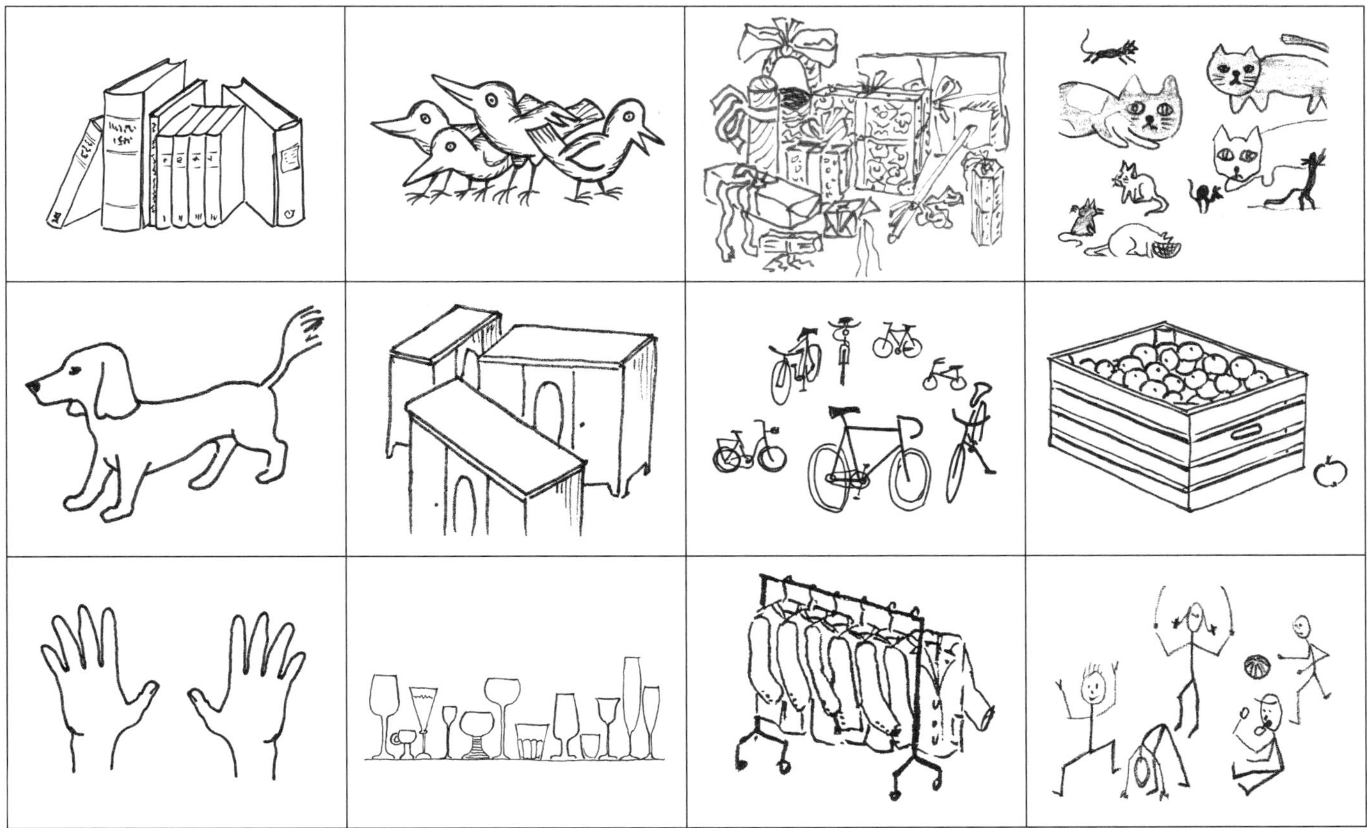

2. Ergänzen Sie die Tabelle.

acht Bücher	ein
sieben	drei
viele	zwei
vier	zwölf
sechs	zehn
neun	fünf

Wortschatz: Substantive (Pl.)
LES und WAH/SCH

L 13 Singular und Plural

Fast jedes Substantiv hat einen Singular (Einzahl) und einen Plural (Mehrzahl).
Im Plural hat das Substantiv im Nominativ immer den Artikel »die«.

Suchen Sie die Substantive in der Wörterliste.
Schreiben Sie sie immer mit Artikel.

Das Substantiv immer mit Artikel und Pluralform lernen!

Substantiv	Singular (Sg.)	Plural (Pl.)
	das Buch	die Bücher

Grammatik: Singular und Plural
Wörterliste

Wörter würfeln: Plural

L 13 Wörter würfeln: Plural

Das sind viele Geschenke.	
Das sind viele Jacken.	Das sind viele Fahrräder.
Das sind viele Äpfel.	Das sind zwei Hunde.
Das sind viele Gläser.	Das sind vier Vögel.
Das sind viele Kinder.	Das sind viele Bücher.
Das sind drei Flugzeuge.	Das sind viele Hefte.

»-d« am Wort-Ende

L 13

1. Bilden Sie passende Reimwörter

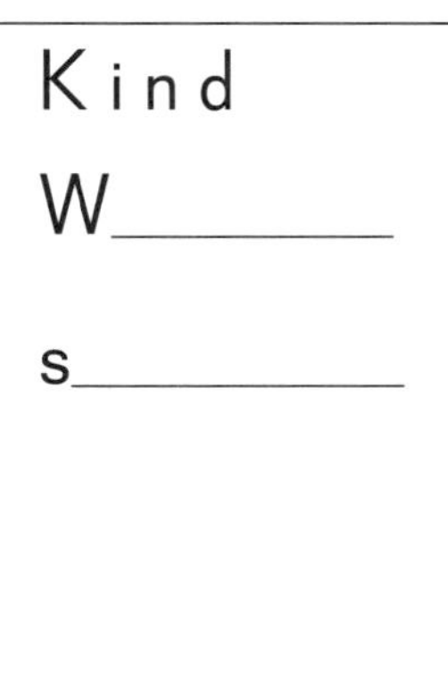

Kind	Hund	Hand
W________	M________	L________
s________	u________	W________
	r________	S________
		R________

Zwischen den Wörtern immer einen **Abstand** lassen!

2. Hier sind Substantive versteckt.

HANDHÄNDEKINDKINDERHUNDHUNDERADRÄDER

3. Markieren Sie das »-d« in den Wörtern von Nr. 2.

4. Wohin gehört das Wort? Achtung: ein Wort ist zu viel!

Wand Wind sind Sand Hände rund Deutschland Mund

Deutsch spricht man in ____________________ .

Die Kinder ________________ in der Sandkiste.

In der Sandkiste ist ____________________ .

Jeder Mensch hat einen ____________ und zwei ____________ .

Der Ball ist ____________________ .

An der ________________ hängt eine Uhr.

L 13 Ist oder sind?

	3. Person Singular (sein)	3. Person Plural (sein)
Beispiele:	Das (ist) ein Hund.	Das (sind) drei Hunde.
	Das (ist) eine Lampe.	Das (sind) zwei Lampen.

1. Schreiben Sie Aussagesätze mit »ist« und »sind«.

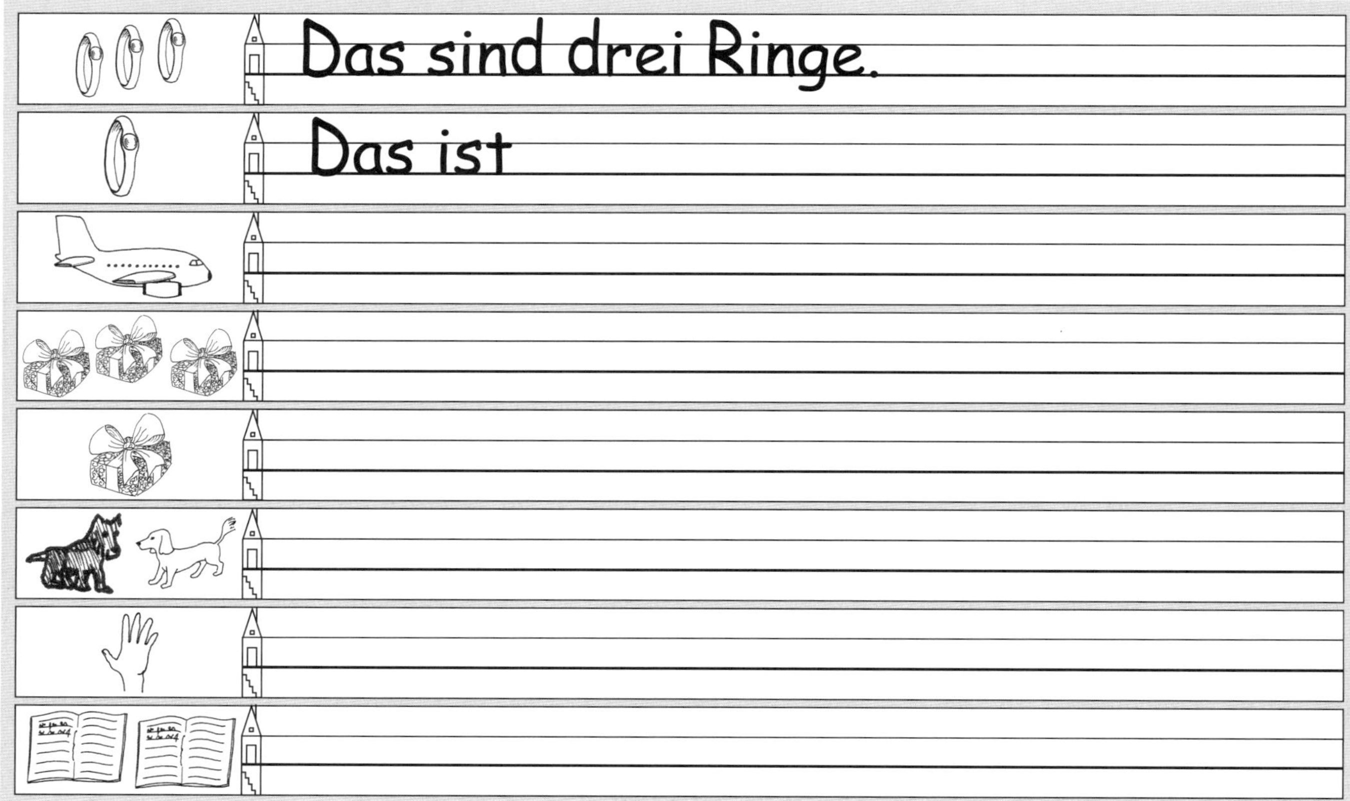

2. Hier sind Substantive versteckt.
   Schreiben Sie diese mit Artikel.

In der Pluralform des Substantivs hört man oft, ob es mit **g** oder **k** geschrieben wird.

FLUGZEUGFLUGZEUGEMONTAGTAGERINGERINGGESCHENKE

Lösungen zu 2. siehe Anhang

Vorsilben

L 13

Eine Vorsilbe verändert die Bedeutung des Wortes.

Beispiel:	Ich (kaufe) einen Ring.	Das bedeutet: Ich habe danach einen Ring.
	Ich (verkaufe) einen Ring.	Das bedeutet: Ich habe danach den Ring nicht mehr.

1. Suchen Sie das Verb in der Wörterliste.
   Schreiben Sie das Verb ohne und mit Vorsilbe.

	Verb ohne Vorsilbe	ver-
k 28		
l 16		
s 65		
r 42		

2. Schreiben Sie das passende Verb aus Nr. 1 in die Sätze.

a) Ich habe wenig Geld. Deshalb ______________ ich meine Uhr.

b) Es ist 9.00 Uhr. Ich habe ______________ .

c) Meine Kinder ______________ heute bei der Oma.

d) Wir ______________ schnell zur Haltestelle.

e) Ich finde die Schule nicht. Ich habe mich ______________ .

f) Ich habe Ferien. Ich ______________ bald.
   Wir werden nach England ______________ .

3. Suchen Sie noch andere Wörter mit der Vorsilbe »ver-«.

____

____

L 13 Fremdwörter

Ein Fremdwort ist ein Wort aus einer anderen Sprache.

der Computer	~~die Jeans~~	das Baby	der Clown	die Pizza	das Handy
die Orange	das Restaurant	das Café	die Party	der Chef	der Buggy

1. Schreiben Sie zu den Bildern die passenden Wörter.

Substantive immer **mit Artikel** aufschreiben!

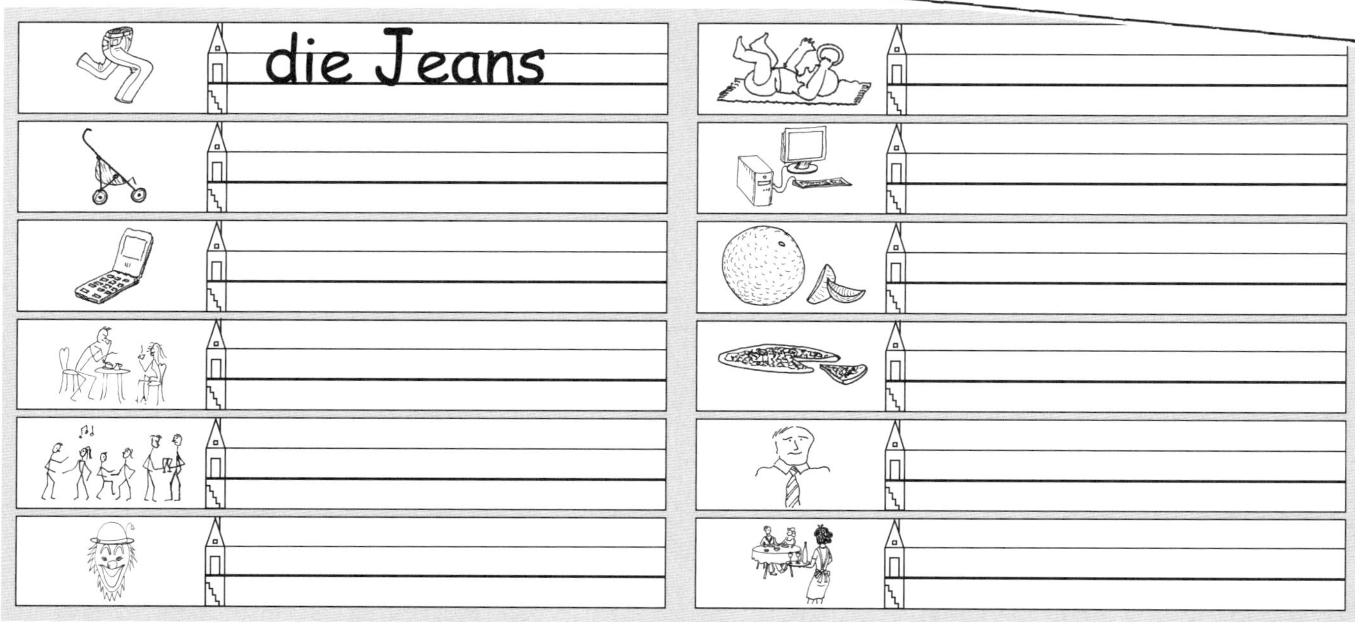

2. Sortieren Sie die Fremdwörter nach dem Artikel.

der	der Clown
die	
das	

Alphabetisch ordnen

L 13

Bei Wörtern mit gleichen Anfangsbuchstaben
bestimmt der **zweite** Buchstabe die Reihenfolge, dann der **dritte**, dann ...

Beispiele:	Apfel, der	Hand, die
	Auto, das	Haus, das

1. Ordnen Sie die Fremdwörter von S. 48 nach dem Alphabet. Suchen Sie die Pluralform in der Wörterliste.

Fremdwörter haben oft die Plural-Endung »-s«!

Singular (Sg.)	Plural (Pl.)
Baby, das	Babys, die

2. Rätsel: Was ist das?

a) Sie ist rund und man schiebt sie in den Backofen. Das ist eine ______________ .

b) Ein kleines Kind sitzt darin und man kann es schieben. Das ist ein ______________ .

Wortschatz: Fremdwörter (Pl.)
Wörterliste

Lösungen zu 2. siehe Anhang

L 13 Sätze bilden

1. Bilden Sie aus diesen Satzteilen Aussagesätze.

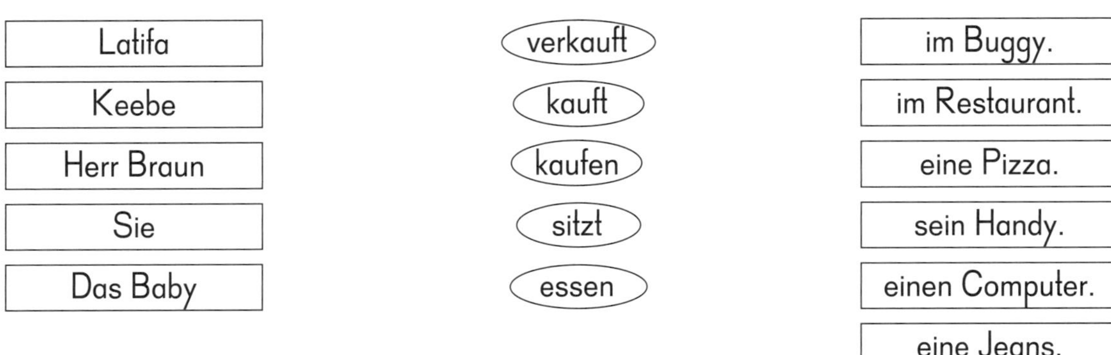

Am Ende des Aussagesatzes steht ein **Punkt**.

Latifa kauft eine Pizza.

2. Lernwörter: das Baby, die Babys, das Café, die Cafes, der Computer, die Jeans, verkaufen und ...

das Baby

Grammatik: Aussagesätze
LES und WAH/SCH
Rechtschreibung: Lernwörter

Welcher Satz passt?

L 13

1. Lesen Sie die Sätze. Welcher Satz passt zum Bild?
   Achtung: Es können auch zwei Sätze zu einem Bild passen!

	☐ Das sind drei kleine Vögel.
	☐ Das ist ein kleiner Vogel.
	☐ Das sind zwei kleine Vögel.
	☐ Er hat zwölf Hunde.
	☐ Er hat zwei Hunde.
	☐ Er hat einen Hund.
	☐ Die Kinder spielen Handball.
	☐ Die Kinder spielen Fußball.
	☐ Ein Kind spielt Fußball.
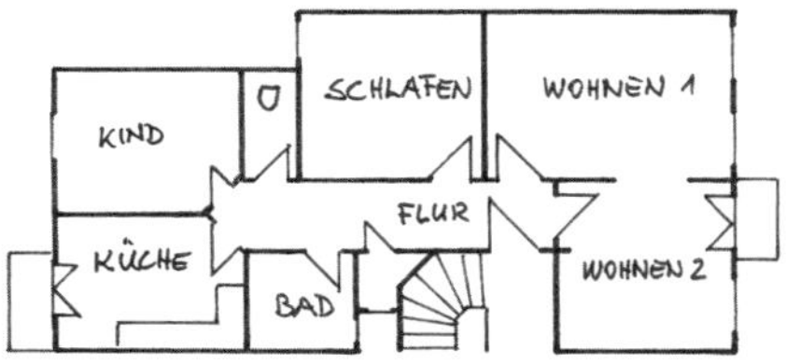 KIND, SCHLAFEN, WOHNEN 1, FLUR, KÜCHE, BAD, WOHNEN 2	☐ Das ist eine Wohnung mit zwei Zimmern.
	☐ Das ist eine Wohnung mit vier Zimmern.
	☐ Das ist eine Wohnung mit drei Zimmern.
	☐ Das ist eine Krankenschwester.
	☐ Das ist ein Kellner.
	☐ Das ist eine Kellnerin.
	☐ Die Frau hat drei Kinder.
	☐ Die Frau hat zwei Kinder.
	☐ Die Frau hat eine Tochter und einen Sohn.
	☐ Das ist eine Verkäuferin.
	☐ Das ist ein Verkäufer.
	☐ Die Frau verkauft Kleider.

2. Umkreisen Sie die Verben in den Aussagesätzen.
   Wie viele Verben haben Sie gefunden? ______

Lösungen siehe Anhang

L 13 Rund um Berufe

Was fällt Ihnen zu dem Thema »Berufe« ein?

Berufe

Kinder unterhalten sich

Ich habe 20 Autos.

Ali

Ich habe 3 Puppen.

Anna

Ich habe ein Fahrrad.

Selma

Ich habe einen Computer.

Lulessa

Ich habe kein Fahrrad.

David

Ich habe 5 Computerspiele.

Kasper

Beantworten Sie die Fragen.

a) Wer hat drei Puppen?

b) Wer hat einen Computer?

c) Wer hat fünf Computerspiele?

d) Wer hat zwanzig Autos?

e) Wer hat kein Fahrrad?

f) Wer hat ein Fahrrad?

g) Wie viele Autos hat Ali?

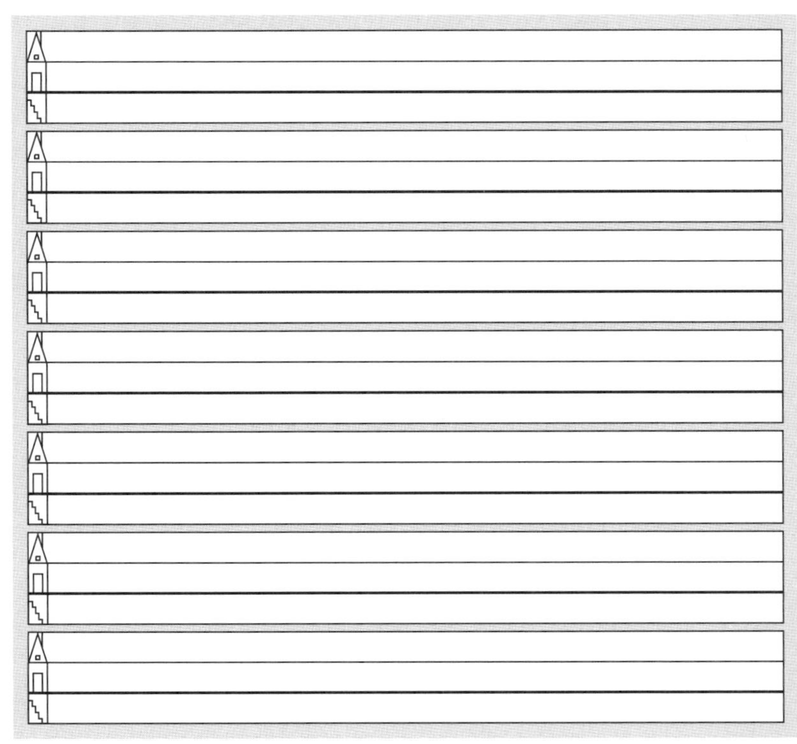

L 14 Wer hat was?

Das Verb »haben«

	1. Person Singular	3. Person Singular
Beispiele:	Ich habe einen Computer.	Lulessa hat einen Computer.

1. Schreiben Sie, was die Kinder auf S. 53 haben.

Kasper hat 5 Computerspiele.

2. Hier ist ein Satz versteckt.
   Schreiben Sie den Satz.

Substantive und Satzanfänge **groß** schreiben!

ICHHABEEINENCOMPUTERUNDEINENFERNSEHER.

3. Und Sie? Schreiben Sie, was Ihre Kinder haben.

Grammatik: Verb »haben«
SCH
Rechtschreibung: Großschreibung

Lösungen zu 2. siehe Anhang

»haben« konjugieren

L 14

Singular				Plural			
1.	Person:	ich	habe	1.	Person:	wir	haben
2.	Person:	du	hast	2.	Person:	ihr	habt
3.	Person:	er/sie/es	hat	3.	Person:	sie/Sie	haben

1. Setzen Sie die richtige Verbform von »haben« ein.

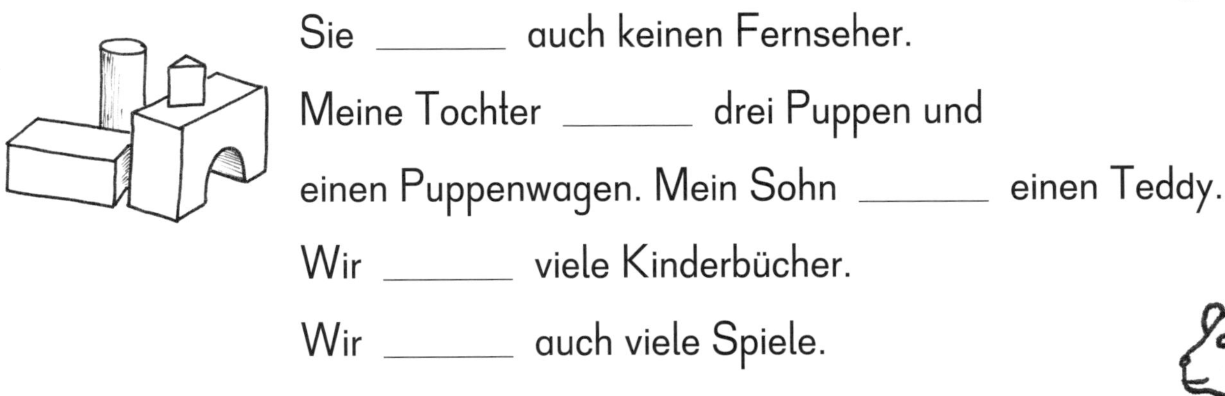

Meine Kinder ______ keinen Computer.
Sie ______ auch keinen Fernseher.
Meine Tochter ______ drei Puppen und einen Puppenwagen. Mein Sohn ______ einen Teddy.
Wir ______ viele Kinderbücher.
Wir ______ auch viele Spiele.
Meine Kinder ______ viele Bausteine.
Sie bauen damit Häuser, Brücken und Türme.
Wir ______ einen Fernseher.
Meine Kinder dürfen eine halbe Stunde am Tag fernsehen.
Ich ______ keinen Computer und mein Mann ______ auch keinen Computer. ______ du einen Computer?

2. Ein Rätsel. Was ist das?

L 14 Der Akkusativ

		der (Maskulinum)	die (Femininum)	das (Neutrum)
Nominativ:	Das ist	ein / kein Computer	eine / keine Katze	ein / kein Fahrrad
Akkusativ:	Ich habe	einen / keinen Computer	eine / keine Katze	ein / kein Fahrrad

1. Schreiben Sie passend zu den Bildern, was Kasper hat oder nicht hat.

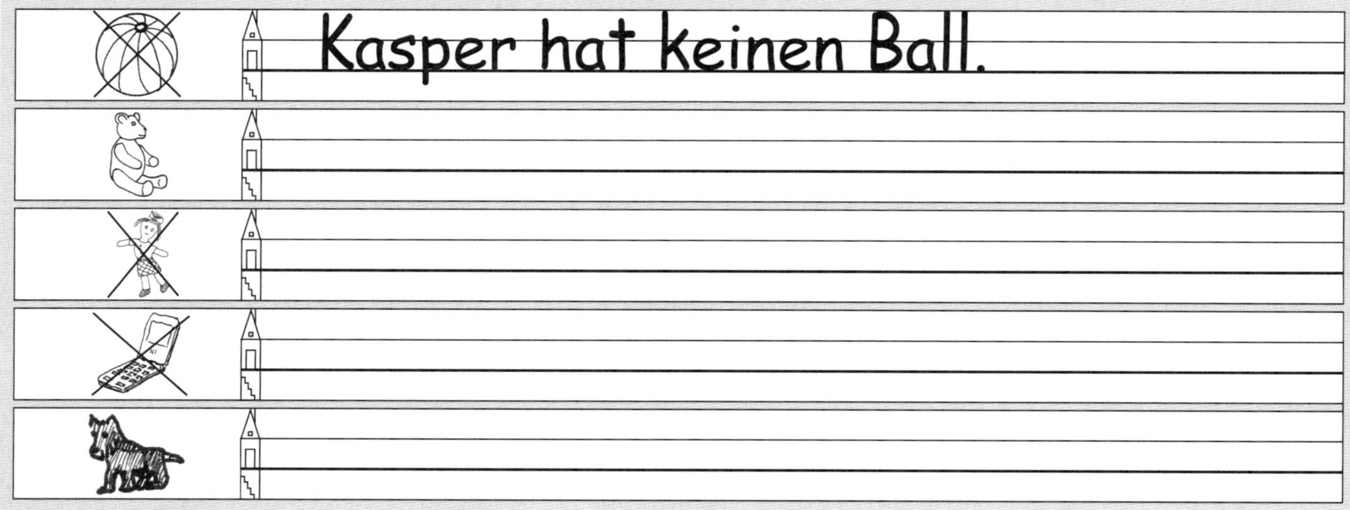

2. Die Lehrerin schimpft mit Selma, weil sie so viel vergessen hat.
   Schreiben Sie, was die Lehrerin zu Selma sagt.

SCHULE

Du hast __________ Bleistift dabei!

Du hast __________ Schere dabei!

Du hast __________ Heft dabei!

Du ______________________________

____

____

____

Lösungen zu 1. siehe Anhang

Wörter würfeln: Akkusativ

Wörter würfeln: Akkusativ

Ich habe einen Löffel.	Ich habe keinen Löffel.
Ich habe eine Gabel.	Ich habe keine Gabel.
Ich habe ein Messer.	Ich habe kein Messer.
Ich habe eine Tasse.	Ich habe keine Tasse.
Ich habe einen Teller.	Ich habe keinen Teller.
	Ich habe kein Geld.

Neues Geschirr

L 14

Das Personalpronomen kann ein Substantiv ersetzen, das man gerade genannt hat und nicht wiederholen möchte.

	der → er	die → sie	das → es
Beispiele:	Der Mann heißt Peter. Er geht zur Schule.	Die Schere ist weg. Sie war sehr teuer.	Das Auto ist alt. Es ist kaputt.

Familie Jafari braucht neues Geschirr. Das wird teuer!

1. Verwenden Sie das richtige Personalpronomen bei den Antworten.

a) Wie viel kostet die große Pfanne? Sie kostet 27 €.

b) Wie viel kostet die Kaffeekanne? ____________________

c) Was kostet der Teller mit den Punkten? ____________________

d) Was kostet das Brotmesser? ____________________

e) Wie viel kostet ein Eierbecher? ____________________

f) Was kostet ein Kuchenteller? ____________________

g) Was kosten sechs Kuchenteller? ____________________

Wortschatz: Geschirr, Preise
Grammatik: Personalpronomen
LES und SCH

Lösungen siehe Anhang

L 14 So ein Durcheinander!

Wer hat nur den Tisch gedeckt?

Frau Jafari hat kein Messer, aber zwei Gabeln.

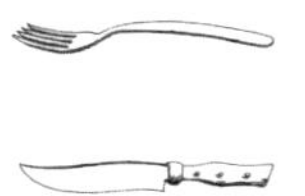

Herr Jafari hat ein Messer, aber keinen Teller.

Die jüngste Tochter hat keinen Löffel. Sie muss mit der Hand essen.

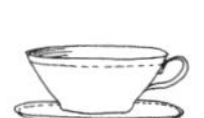

Der Sohn hat kein Glas.

Die große Tochter hat eine Untertasse, aber die Tasse fehlt.

Selma hat Glück. Sie hat alles.

1. Markieren Sie folgende Wörter im Kasten und notieren Sie die Anzahl.

Wort	Anzahl
hat	
eine	

Wort	Anzahl
kein	
keinen	

Wort	Anzahl
Tochter	
Glück	

2. Hier sind zwei Sätze versteckt.

ICHHABEEINMESSERDUHASTKEINMESSER

3. Lernwörter: **kein, keine, keinen,** das **Geschirr,** der **Herr,** der **Löffel, essen,** die **Tasse,** das **Messer,** der **Teller** und ...

Lösungen zu 2. siehe Anhang

Übungen zum Text L 14

4. Lesen Sie den Text auf S. 60 noch einmal und beantworten Sie dann die Fragen. Schreiben Sie eine kurze Antwort.

a) Wer hat kein Glas? ______________________

b) Wer hat zwei Gabeln? ______________________

c) Wer hat keinen Teller? ______________________

d) Wer hat keine Tasse? ______________________

e) Wer hat Glück? ______________________

f) Warum muss die jüngste Tochter mit der Hand essen?

____

5. Rätsel: Was ist das?

die Kuchengabel, ~~der Kuchenteller~~, die Zuckerdose, das Brotmesser, das Obstmesser, die Untertasse, der Teebeutel, die Teekanne, die Kaffeekanne

a) Ein Teller, auf den man Kuchen tut. Das ist ein Kuchenteller.

b) Eine Gabel, mit der man Kuchen isst. Das ist eine ______________________.

c) Ein Messer, mit dem man Obst schneidet. Das ist ein ______________________.

d) Ein Messer, mit dem man Brot schneidet. Das ist ein ______________________.

e) Eine Kanne, in der Tee ist. Das ist eine ______________________.

f) Eine Dose, in der Zucker ist. Das ist eine ______________________.

g) Ein Löffel, mit dem man Tee umrührt. Das ist ein ______________________.

L 14 Der Eismann kommt!

1. Erzählen Sie die Geschichte.

2. Unterstreichen Sie die Wörter, die zu der Geschichte passen.

Kinder	Eier	essen	Lehrer	Sonne
Kleider	Eis	trinken	Eismann	fliegen
Mutter	Regen	kaufen	Supermarkt	stehen
Vater	Geld	spielen	laufen	Auto
Bus	Haus	kommen	geben	wegfahren

3. Welche Sätze passen zu welchem Bild. Notieren Sie die Bildnummer.

- ⬡ Die Kinder laufen ins Haus.
- ⬡ Die Kinder essen Eis.
- ⬡ Der Eismann kommt.
- ⬡ Die Kinder spielen draußen.
- ⬡ Die Kinder kaufen Eis.
- ⬡ Die Kinder bekommen Geld.

 Lösungen zu 3. siehe Anhang

Übungen zur Geschichte L 14

Mit dem Fragewort »Wer« fragt man nach Personen.
Mit dem Fragewort »Was« fragt man nach Sachen.

Beispiele:	Wer kauft Eis?	➡	Die Kinder (Person)
	Was kaufen die Kinder?	➡	Eis (Sache)

4. Setzen Sie das richtige Fragewort ein.

	Wer ist das?		______ ist das?
	______ ist das?		______ ist das?
	______ ist das?		______ ist das?
	______ ist das?		______ ist das?

5. Beantworten Sie die Fragen zu der Geschichte »Der Eismann kommt«.

a) Was essen die Kinder? ______________________

b) Wer spielt draußen? ______________________

c) Wer läuft ins Haus? ______________________

d) Was bekommen die Kinder im Haus? ______________________

e) Wer gibt den Kindern Geld? ______________________

f) Wer verkauft Eis? ______________________

6. Hier sind zwei Aussagesätze versteckt.

ALIGEHTZURSCHULEERKAUFTEINEIS

Lösungen zu 6. siehe Anhang

L 14 Geburtstag

1. Suchen Sie die fehlenden Wörter in der Wörterliste und schreiben Sie diese auf.

Mein S 182 hat bald G 12. Deshalb muss ich ein G 44 k 28. Er w 117 sich ein blaues F 12 und einen C 14. Das ist zu t 43. Ich werde ein g 9es Fahrrad kaufen. Ob er sich darüber f 97 wird?

Sohn,

Verlängert man diese Wörter, hört man, ob sie mit **d** oder **t**, **g** oder **k** geschrieben werden.

2. Schreiben Sie die Substantive im Singular und im Plural.
Markieren Sie das g und k, d und t am Wortende.

Substantiv	Singular (Sg.)	Plural (Pl.)
G sch n e e k	das	die
T g a		
G b r s a e u t t g		
R d a		
F r a ah r d		

Wortschatz: Geburtstag
LES und WAH/SCH
Wörterliste – Rechtschreibung: Auslautverhärtung

Welches Verb passt? L 14

1. Verben mit »-ie-«: spielen, fliegen, liegen, schieben, ziehen, gießen.
   Wohin passt welches Verb?

2. Lesen Sie die Sätze und setzen Sie das passende Verb ein.

wünscht, hat, trinke, essen, bin, schläft

a) Meine Tochter ______________ bald Geburtstag.
b) Sie ______________ sich einen Computer.
c) Ich ______________ von Beruf Verkäuferin.
d) Die Kinder ______________ ein Eis.
e) Ich ______________ einen Kaffee.
f) Das Baby ______________ im Buggy.

bauen, fahren, kauft, haben, spielt, schiebe

g) Ich ______________ den Buggy zur Bushaltestelle.
h) Wir ______________ mit dem Bus nach Hause.
i) Zu Hause ______________ die Kinder einen Turm.
j) Das Baby ______________ mit einem Ball.
k) Wir ______________ kein Brot mehr.
l) Mein Mann ______________ noch schnell ein Brot.

3. Wer schiebt den Bus? ________________________

Lösungen zu 2. siehe Anhang

L 14 Die Ergänzungsfrage

In der Ergänzungsfrage steht das konjugierte Verb an 2. Stelle (Position).
Am Ende des Fragesatzes steht ein Fragezeichen.

	Position 1	Position 2	
Beispiele:	Wie	heißen	Sie ?
	Woher	kommen	Sie ?
	Was	sind	Sie von Beruf ?

Bilden Sie aus den Satzteilen Ergänzungsfragen.

Den Satzanfang **groß** schreiben!

Satzteile	
heißen ~~wie~~ Sie ?	Wie
wo die Kinder spielen ?	
Geburtstag wer hat ?	
kauft was der Vater ?	
wie viel das kostet ?	
fliegen Sie wohin ?	

Grammatik: Ergänzungsfragen
LES und SCH
Rechtschreibung: Satzanfang, Satzzeichen

Die Fragewörter

Ein Fragewort ist ein Wort, mit dem eine Ergänzungsfrage beginnt.

1. Stellen Sie Ihrem Partner Fragen.

2. Schreiben Sie drei Ergänzungsfragen.

Am Ende des Fragesatzes steht ein Fragezeichen: »?«

____

____

____

3. Welche Antwort passt zur Frage?
   Schreiben Sie den Buchstaben der Frage in das Kästchen der Antwort.

a	Woher kommen Sie?
b	Wo wohnen Sie?
c	Wie viele Kinder haben Sie?
d	Was sind Sie von Beruf?
e	Wer hat ein Auto?
f	Wohin fahren Sie?
g	Was hat Latifa gekauft?

	Ich habe drei Kinder.
	Ich bin Busfahrer.
	Sie hat ein Fahrrad gekauft.
	Ich fahre zur Schule.
a	Ich komme aus dem Iran.
	Herr Fischer.
	Ich wohne in Hamburg.

L 14 Wer? Wie? Wo?

Peter Braun wohnt in Hamburg Niendorf.
Er ist Lehrer und arbeitet in der Volkshochschule.
Er hat zwei Kinder und ist geschieden.

Mona Soni wohnt in Hamburg Langenhorn.
Sie ist von Beruf Verkäuferin, aber arbeitslos.
Sie ist verheiratet und hat drei Kinder.

Keebe Dabo wohnt in Kaltenkirchen.
Er ist Koch. Er hat keine Kinder.

1. Beantworten Sie die Fragen. Schreiben Sie kurze Antworten.

a) Wer wohnt in Langenhorn? Mona Soni

b) Wer wohnt in Niendorf? ____________

c) Wer hat keine Kinder? ____________

d) Wie viele Kinder hat Frau Soni? ____________

e) Wo wohnt Herr Dabo? ____________

f) Wo arbeitet Herr Braun? ____________

g) Was ist Herr Braun von Beruf? ____________

h) Wer ist Koch? ____________

i) Wer ist verheiratet? ____________

2. Hier sind zwei Ergänzungsfragen versteckt.

WOWOHNENSIEWERHATEINENCOMPUTER

Alphabetisch ordnen **L 14**

1. Ordnen Sie die Wörter alphabetisch.
   Suchen Sie in der Wörterliste den Artikel.

a) Schleife → der Geburtstag

Geschenk ____________________

Tag ____________________

Geburtstag ____________________

b) kaufen ____________________

schenken ____________________

wünschen ____________________

verschenken ____________________

verkaufen ____________________

c) Haus ____________________

Wohnung ____________________

Cafe ____________________

Schule ____________________

Restaurant ____________________

Geschäft ____________________

2. Rätsel: Was ist das?

a) Man sitzt darin und muss für das Essen bezahlen. Das ist ein ____________________.

b) Man kauft es und packt es schön ein. Das ist ein ____________________.

L 14 Das kann ich schreiben!

1. Schreiben Sie die Lernwörter.

die Kinder

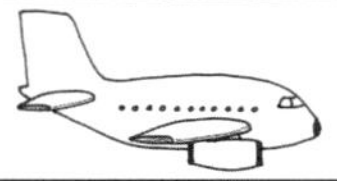

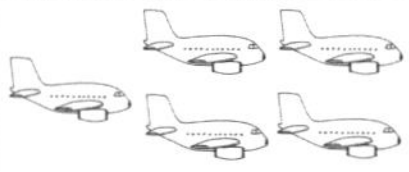

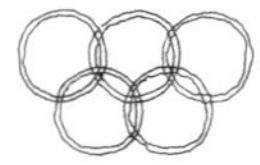

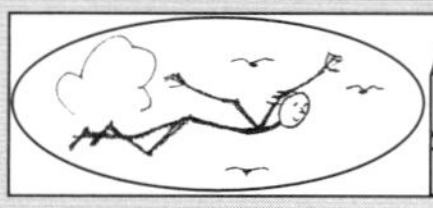

2. Schreiben Sie Fragesätze.

So ein Pech! (1)

1. Schneiden Sie die Bilder aus. Legen Sie die Bilder in die richtige Reihenfolge und erzählen Sie die Geschichte.

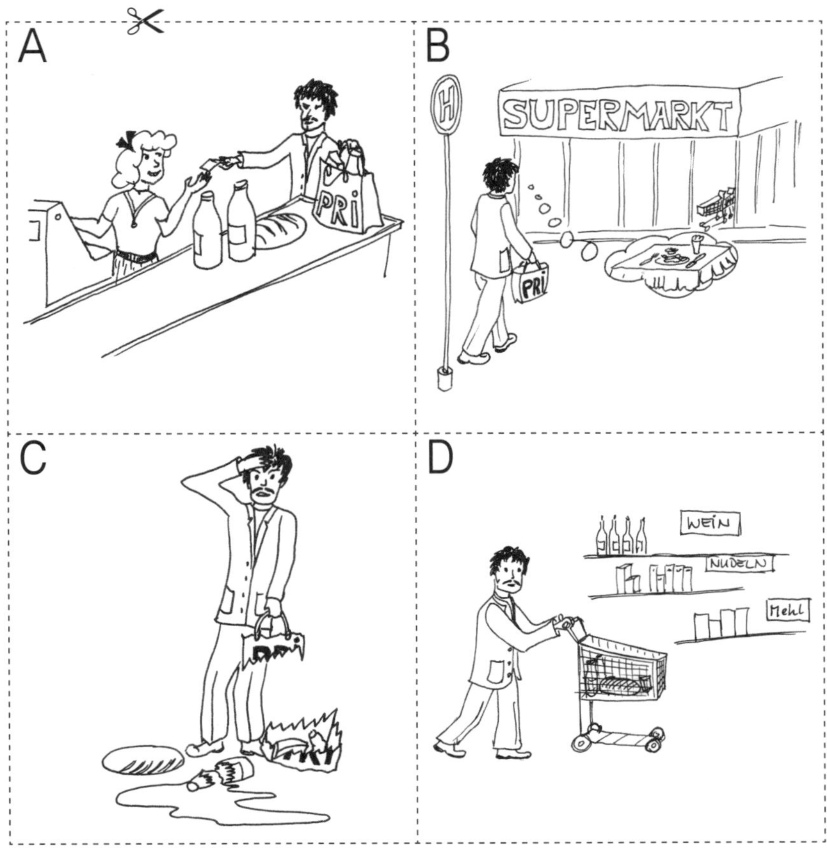

2. Schneiden Sie die Satzkarten aus.
Welche Sätze gehören zu welchem Bild?

a) Ali packt die Sachen in eine Tüte und will nach Hause gehen.

b) Ali hat Hunger.

c) Ali legt die Lebensmittel auf das Band.

d) Ali holt sich einen Einkaufswagen.

e) Er geht zum Supermarkt.

f) Die Tüte reißt. Alles fällt auf den Boden!

g) Er kauft Butter, Käse, Brot und Milch.

h) Er bezahlt an der Kasse.

So ein Pech! (2)

L 15

Kleben Sie die Bilder in der richtigen Reihenfolge ein
und schreiben Sie die Geschichte.

L 15 Einkaufsgeschichten

Einkaufstag

Balu kauft immer montags ein. Er kauft meistens im Supermarkt KUNZE ein. Heute kauft er drei Flaschen Cola. Eine Flasche Cola kostet 1,20 €. Er muss _____ € bezahlen. Danach geht er noch zum Bäcker.

1. Welche Antwort passt zu welcher Frage?

Wer kauft ein?	→	Zum Bäcker
Was kauft er ein?		In einem Supermarkt
Wie viele Flaschen kauft er ein?		Am Montag
Wo kauft Balu ein?		Balu
Wohin geht er nach dem Einkauf?		Cola
Wann kauft Balu immer ein?		Drei Flaschen

2. In dieser Geschichte stimmt etwas nicht! Wie ist die richtige Reihenfolge?

Zucker vergessen

⬡ Jetzt bäckt Mona die Eierkuchen. Der Vater deckt den Tisch.

⬡ Der Sohn kauft den Zucker.
Er packt den Zucker ein und bezahlt ihn an der Kasse.

⬡ Dann essen alle die Eierkuchen. Sie schmecken gut!

⬡ Mona hat den Zucker vergessen.
Sie schickt ihren Sohn zum Supermarkt.

3. Reimwörter mit »-ck«

backen	blicken	Stück	decken
p_____	sch_____	Gl_____	schm_____

4. Lernwörter: Suchen Sie noch andere Wörter mit »ck« in den Geschichten.

____

Fragen ausdenken

L 15

5. Schreiben Sie die Geschichte in der richtigen Reihenfolge ab.

Zucker vergessen

6. Schreiben Sie Fragen zu der Geschichte »Zucker vergessen« auf und fragen Sie dann Ihren Partner. Vergessen Sie das Fragezeichen nicht!

Wer

L 15 Die Lebensmittel

1. Im Supermarkt sind die Lebensmittel sortiert. Arbeiten Sie mit der Wörterliste. Schreiben Sie die Oberbegriffe als Überschrift zu den passenden Lebensmitteln.

O 8

G 31

B 9

M 66

F 60

der Apfel
die Birne
der Braten
die Brezel
das Brot
das Brötchen
die Butter
das Ei
die Gurke
der Jogurt
der Käse
die Kartoffel
der Kuchen
die Marmelade
die Milch
die Pflaume
der Quark
der Salat
der Schinken
die Tomate
die Weintraube
die Wurst
die Zitrone
die Zwiebel

2. Schreiben Sie die Lebensmittel zu den passenden Oberbegriffen.

Wo kauft man was? L 15

1. Latifa kauft nicht nur im Supermarkt ein.
   Kreuzen Sie an, wo Latifa einkauft.

Latifa kauft Äpfel
- ☐ im Schuhgeschäft.
- ☐ im Blumengeschäft.
- ☐ im Obstgeschäft.

Latifa kauft das Brot
- ☐ beim Schneider.
- ☐ beim Bäcker.
- ☐ beim Lehrer.

Latifa kauft den Fisch
- ☐ im Fischgeschäft.
- ☐ beim Frisör.
- ☐ beim Schlachter.

Latifa kauft die Tomaten
- ☐ auf dem Markt.
- ☐ im Blumengeschäft.
- ☐ beim Bäcker.

2. Was passt nicht? Schreiben Sie die Antwort mit Artikel!

a) Butter, Kaffee, Käse, Quark, Milch ____________________

b) Tee, Kaffee, Saft, Weintrauben, Milch ____________________

c) Äpfel, Blumen, Pflaumen, Birnen ____________________

d) Schinken, Brot, Wurst, Fleisch, Braten ____________________

e) Kaffee, Kekse, Kuchen, Brot, Brezel ____________________

3. Rätsel: Was ist das?

a) Es ist weiß. Man kann es trinken. Das ist die ____________________ .

b) Ein großes Geschäft, in dem man Lebensmittel kaufen kann. Das ist der ____________________ .

L 15 200g Käse, bitte!

500 Gramm = 500 g = ein halbes Kilo = ein Pfund
1 Kilogramm (Kilo) = 1 kg = 1000 g
1 Liter = 1 l

Verkäuferin: Was wünschen Sie?

Kundin: Ich hätte gern ein halbes Brot.

1. Wie kauft man was?
   Üben Sie den Dialog mit Ihrem Partner.

... ein ganzes Brot
... ein halbes Brot
... 6 Scheiben Brot

... einen halben Liter Milch
... einen Liter Milch
... einen Becher Jogurt
... eine Packung Butter

... eine Dose Möhren
... ein Glas Marmelade

... eine Flasche Wein
... einen Kasten Apfelsaft

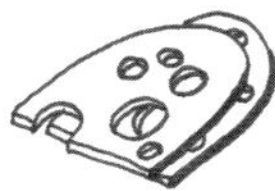

... 200 g Käse
... ein Stück Käse
... eine Scheibe Wurst

2. Schreiben Sie passend zum Bild.

___

___

___

___

___

Aussagesätze bilden

L 15

1. Bilden Sie aus den Satzteilen Aussagesätze.
   Das konjugierte Verb muss an die 2. Stelle!

Satzanfang groß.
Punkt am Satzende!

kauft drei Liter Milch der Mann	
gehe ich zum Supermarkt	
beim Bäcker ich kaufe ein halbes Brot	
kostet das Brot 2,75 €	
an der Kasse Ali bezahlt	
in die Tüte die Lebensmittel packt er	
er dann nach Hause geht	

2. Umkreisen Sie die Verben. Schreiben Sie die Verben.

L 15 Der Infinitiv

Der Infinitiv ist die Grundform des Verbs und gibt dessen Bedeutung an.
Im Wörterbuch steht das Verb immer im Infinitiv.

Beispiele: gehen, kaufen, bezahlen, packen, haben, sein

1. Arbeiten Sie mit der Wörterliste.
   Schreiben Sie das Verb im Infinitiv und in der 3. Person Singular.

	Infinitiv	3. Pers. Sg.
t 74	trinken	er trinkt
s 88		
h 83		
f 83		
e 96		
k 87		
l 41		
s 65		
s 218		
v 26		

2. Hier sind 10 Verben versteckt.

Verben klein schreiben!

wohnenhabenholenfliegenschiebenziehenliegenbezahlenvergessenreißen

Lösungen zu 2. siehe Anhang

Wörter würfeln: konjugieren

L 15

L 15 Wörter würfeln: konjugieren

Er läuft (zur Bushaltestelle).	
Sie geht (nach Hause).	Er liest (eine Zeitung).
Sie isst (ein Stück Käse).	Er trinkt (ein Glas Wein).
Sie schläft (auf dem Sofa).	Sie spricht (Deutsch).
Er schiebt (den Einkaufswagen).	Es liegt (auf dem Tisch).
Er telefoniert (mit seiner Mutter).	Sie verkauft (Kleider).

Verben-Rätsel

L 15

1. Schreiben Sie die Verben. In jedes Kästchen gehört ein Buchstabe.

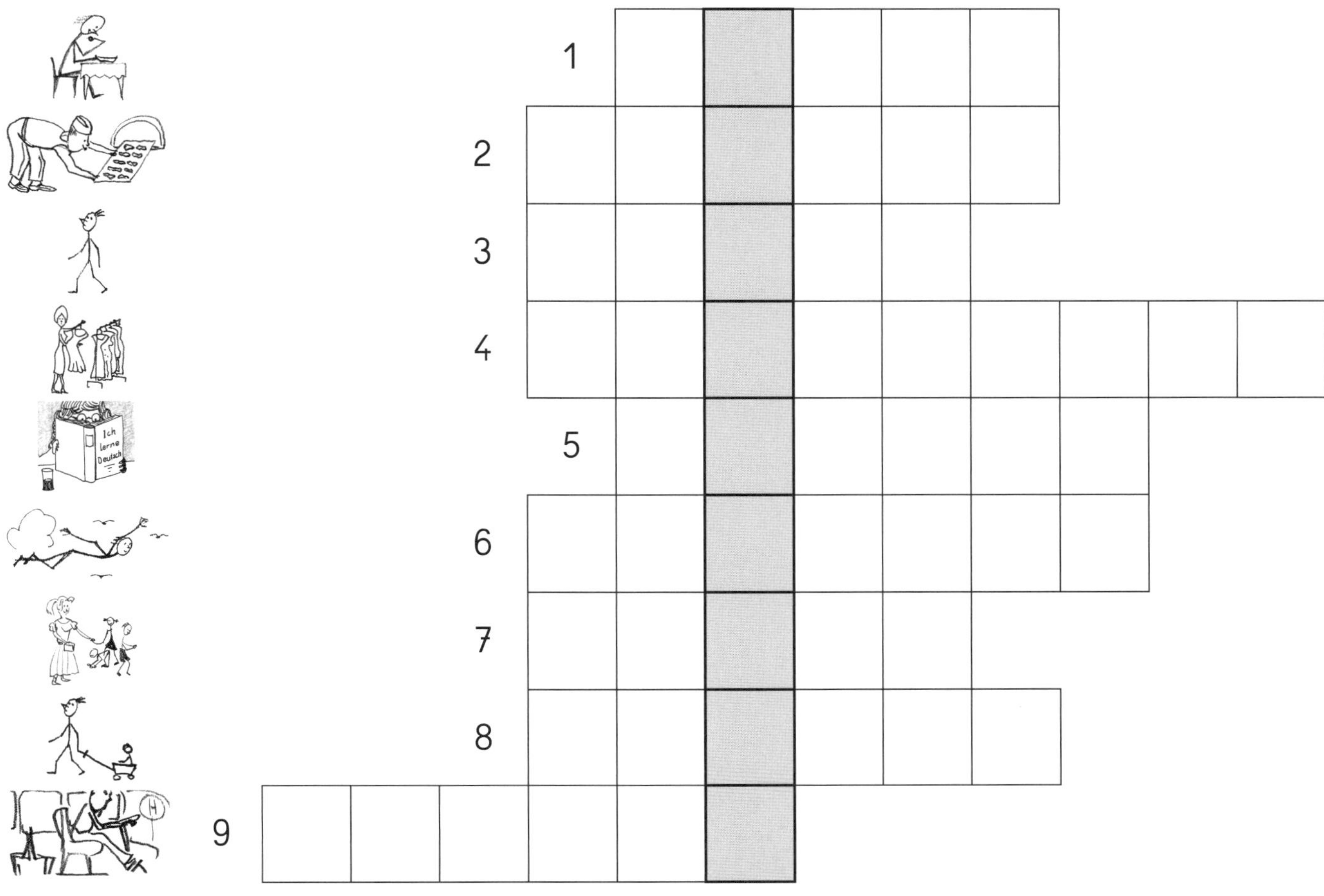

Wie heißt das Lösungswort? ______________________________

2. Suchen Sie sich Verben aus. Schreiben Sie das Verb im Infinitiv und einen passenden Satz mit dem Verb.

essen → Mein Sohn isst gerne Eis.

______ → ______________________

______ → ______________________

______ → ______________________

______ → ______________________

______ → ______________________

______ → ______________________

Lösungen siehe Anhang

L 15 Präpositionen

Bestimmte Präpositionen beschreiben, wo etwas ist:
auf, unter, neben, vor, hinter, über, in, an, zwischen

Beispiele: auf dem Tisch, unter dem Tisch, vor dem Tisch, hinter dem Tisch, neben dem Tisch, über dem Tisch
an der Wand, in der Tasche, zwischen den Büchern

Wo ist der Igel?

	auf dem Eimer
	in dem Eimer (im)
	unter dem Tisch

Fragen Sie:

Wo ist das Heft?
Wo ist der Eimer?
Wo ist ...

Ihr Partner antwortet:

Es liegt auf dem Tisch.
Er steht unter dem Tisch.
...

Wörter würfeln: Präpositionen L 15

L 15 Wörter würfeln: Präpositionen

Das Buch liegt auf dem Tisch.	
Der Apfel liegt auf dem Teller.	Das Brot liegt auf dem Boden.
Der Ball liegt unter dem Auto.	Der Eimer steht unter dem Tisch.
Der Schuh ist unter dem Stuhl.	Der Ball ist in der Tasche.
Das Brot ist in dem (im) Einkaufswagen.	Der Hund schläft in der Hundehütte.
Die 2 Cent sind in der Dose.	Die Puppe sitzt vor dem Schrank.

Wo ist die Schere?

L 15

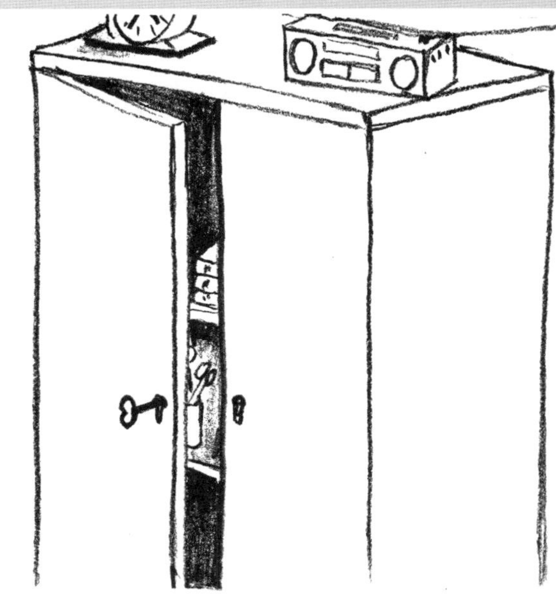

An die Personalpronomen (er, sie, es) denken!

1. Wo ist das Radio?

____

2. Wo ist die Schere?

____

3. Wo ist der Apfel?

____

4. Wo ist das große Buch?

____

5. Wo sind die drei Bücher?

____

6. Wo ist die Uhr?

____

7. Wo ist der Schrankschlüssel?

____

8. Ist der Schrank zu?

____

L 15 So ein Unsinn!

a) Der Vater bäckt den Tisch.

b) Die Kassiererin liegt an der Kasse.

c) Das Obst steht auf dem Teller.

d) Die Tochter deckt einen Kuchen.

e) Die Marmelade sitzt in dem Regal.

Am Ende des Aussagesatzes steht ein **Punkt**.

1. Machen Sie aus den Unsinn-Sätzen sinnvolle Sätze.

____

____

____

____

____

____

2. Unterstreichen Sie die Präpositionen in Nr. 1.
   Wie viele Präpositionen haben Sie gefunden? ______________

3. Suchen Sie Wörter mit »-ck« in Lektion 15.

____

____

____

Wortschatz: Verben
Grammatik: Präpositionen (Wh.)
Rechtschreibung: »-ck«

Lösungen siehe Anhang

Welche Sätze passen? L 15

Lesen Sie die Sätze. Welcher Satz passt zum Bild?

	☐	Auf dem Tisch sind viele Hefte.
	☐	Auf dem Stuhl sind keine Hefte.
	☐	Auf dem Stuhl sind viele Hefte.

	☐	Der Hund ist in der Hundehütte.
	☐	Der Hund ist vor der Hundehütte.
	☐	Der Hund ist unter der Hundehütte.

	☐	Latifa ist in der Schule.
	☐	Latifa ist zu Hause.
	☐	Latifa ist in einem Restaurant.

	☐	Anna geht in die Schule.
	☐	Anna ist in dem Schreibwarenladen.
	☐	Anna ist vor dem Schreibwarenladen.

	☐	Sie sitzen am Tisch.
	☐	Sie sitzen unter dem Tisch.
	☐	Sie sitzen auf dem Tisch.

	☐	Die Uhr steht unter dem Bett.
	☐	Die Uhr steht neben dem Bett.
	☐	Die Uhr steht auf dem Bett.

	☐	Die Kassiererin bezahlt an der Kasse.
	☐	Die Kassiererin kauft die Kasse.
	☐	Die Kassiererin sitzt an der Kasse.

Lösungen siehe Anhang

Rund ums Einkaufen

Was fällt Ihnen zu dem Thema »einkaufen« ein?

einkaufen

Wortfamilie »Telefon«

Zu einer Wortfamilie gehören Wörter mit einem gemeinsamen Wortstamm.
Beispiel: kaufen, Kaufhaus, verkaufen, Verkäuferin

das Telefon
das Telefonbuch
das Telefonkabel
der Telefonhörer
der Telefontisch
der Anrufer
die Taste
die Telefonnummer
die Telefonkarte
die Telefonzelle
telefonieren
telefonisch

1. Markieren Sie im Wörterkasten den Wortstamm »Telefon«.

2. Welche Wörter gehören nicht zur Wortfamilie »Telefon«?

____

3. Was ist das? Schreiben Sie das passende Wort zum Bild.

Tel. 040 3061785	
10 €	

Wortschatz: telefonieren
Grammatik: Wortfamilie
LES und WAH/SCH

L 16 Telefonisch erreichbar?

1. Lesen Sie den Dialog.

Sind Sie telefonisch erreichbar?

Ja, natürlich!

Wie ist Ihre Nummer?

Meine Handynummer ist 0177 50 13 24 21.

Bitte sprechen Sie etwas langsamer!

01 77 50 13 24 21.

Haben Sie auch einen Festnetzanschluss?

Nein, leider nicht.

Vielen Dank.

2. Markieren Sie die Silben.

Num mer	Han dy num mer
te le fo nisch	er reich bar
lang sa mer	na tür lich
Fest netz an schluss	Ih re

3. Üben Sie den Dialog.

Lernwörter: das Telefon, die Nummer, die Telefonnummer und ...

____

____

____

Wortschatz: telefonieren
LES: Silben
Rechtschreibung: Lernwörter

Telefonnummern **L 16**

1. Lesen und schreiben Sie die Zahlen.

dreizehn = 13	zwanzig = _ _	sechzig = _ _
fünfzehn = _ _	dreißig = _ _	fünfzig = _ _
neunzehn = _ _	neunzig = _ _	achtzig = _ _
siebzehn = _ _	siebzig = _ _	vierzig = _ _
vierzehn = _ _	einhundert = _ _ _	

2. Lesen und schreiben Sie die Zahlen.

einundzwanzig = _ _	zweiundzwanzig = _ _
dreiunddreißig = _ _	vierundvierzig = _ _
fünfundsiebzig = _ _	achtundneunzig = _ _
siebenunddreißig = _ _	sechsundfünfzig = _ _
neunundachtzig = _ _	achtundsechzig = _ _

3. Schreiben Sie die Telefonnummern auf.

Meine Nummer ist fünfundachtzig neunzehn einundneunzig elf.

____

Meine Nummer ist neununddreißig achtundvierzig zweiundfünfzig achtzehn.

____

4. Und Sie? Welche Telefonnummer haben Sie?

____

____

L 16 Das Possessivpronomen

Telefonliste 1	
Boll, D.	55 0 84 32
Glück, E.	32 4 56 86
Schramm, G.	32 8 78 79
Klein, R.	42 8 69 61
Gläser, F.	27 5 29 94
Krause, P.	5 27 74 53
Gabe, A.	55 1 74 38
Zindikus, L.	42 8 03 12
Albrecht, H.	65 4 37 75
Baier, W.	93 2 10 15
Kind, S.	65 1 34 33
Schell, W.	78 4 34 38

Telefonliste 2	
Albrecht, H.	65 4 37 75
Baier, W.	93 2 10 15
Boll, D.	55 0 84 32
Gabe, A.	55 1 74 38
Gläser, F.	27 5 29 94
Glück, E.	32 4 56 86
Kind, S.	65 1 34 33
Klein, R.	42 8 69 61
Krause, P.	5 27 74 53
Schell, W.	78 4 34 38
Schramm, G.	32 8 78 79
Zindikus, L.	42 8 03 12

1. Suchen Sie die Telefonnummern dieser Personen.

Herr Gläser ______________ Frau Kind ______________

Herr Krause ______________ Herr Glück ______________

Frau Schell ______________ Frau Schramm ______________

In welcher Telefonliste haben Sie nachgesehen? ______________

Ein Possessivpronomen sagt, zu wem eine Person oder Sache gehört.
Possessivpronomen: mein – dein – sein/ihr/sein – unser – euer – ihr

Beispiele:	der Ring	→	mein, dein, sein/ihr/sein, unser, euer, ihr	Ring
	die Uhr	→	meine, deine, seine/ihre/seine, unsere, eure, ihre	Uhr
	das Auto	→	mein, dein, sein/ihr/sein, unser, euer, ihr	Auto

2. Sehen Sie in der Telefonliste nach und schreiben Sie.

Frau Baier hat ein Telefon. **Ihre** Nummer ist ______________ .

Herr Boll hat ein Telefon. **Seine** Nummer ______________ .

Herr Klein hat ein Telefon. ______________ .

Frau Albrecht hat ein Telefon. ______________ .

Ich habe ein Telefon. ______________ .

Wir haben ein Telefon. ______________ .

A: Tel.-Nr. erfragen

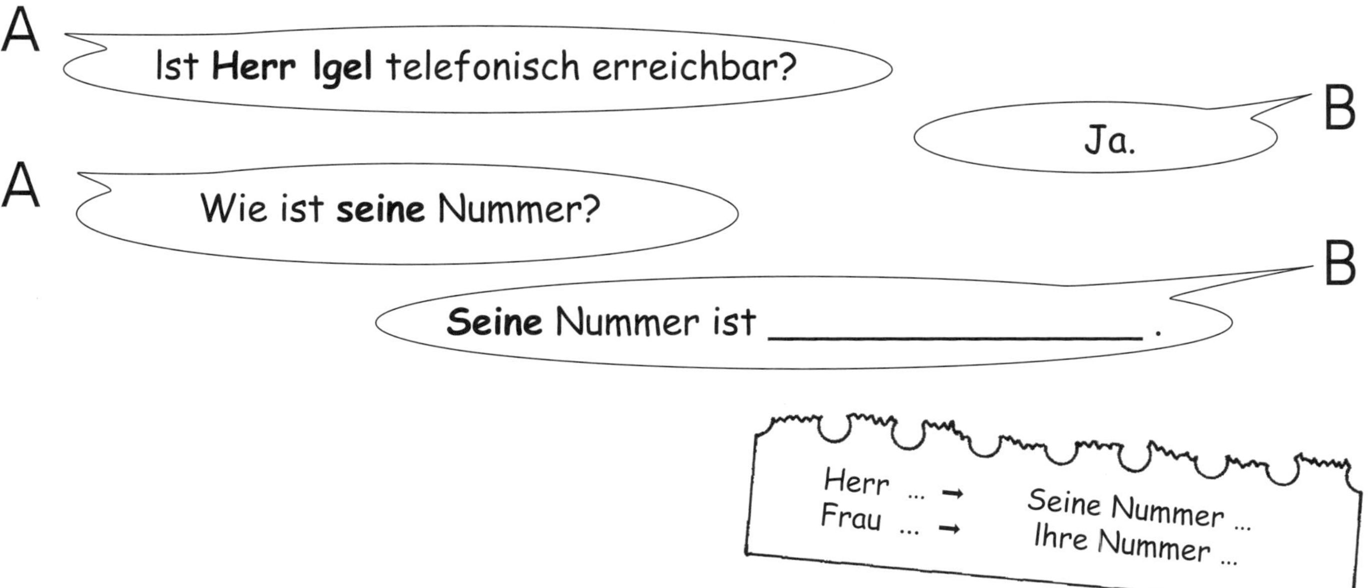

1. Fragen Sie Ihren Partner und notieren Sie die Telefonnummer.

Herr Igel ________________	Frau Dose 3 32 45 15
Frau Jäger ________________	Frau Gut 7 81 92 30
Herr Klein ________________	Herr Adler 2 43 71 17
Frau Lempel ________________	Frau Engel 6 32 88 84
Frau Meier ________________	Herr Hase –
Herr Neumann ________________	Herr Braune 5 25 50 13
Herr Opel ________________	Herr Fischer 7 99 19 90

2. Und Ihr Partner? Welche Telefonnummer hat er?

____

L 16 B: Tel.-Nr. erfragen

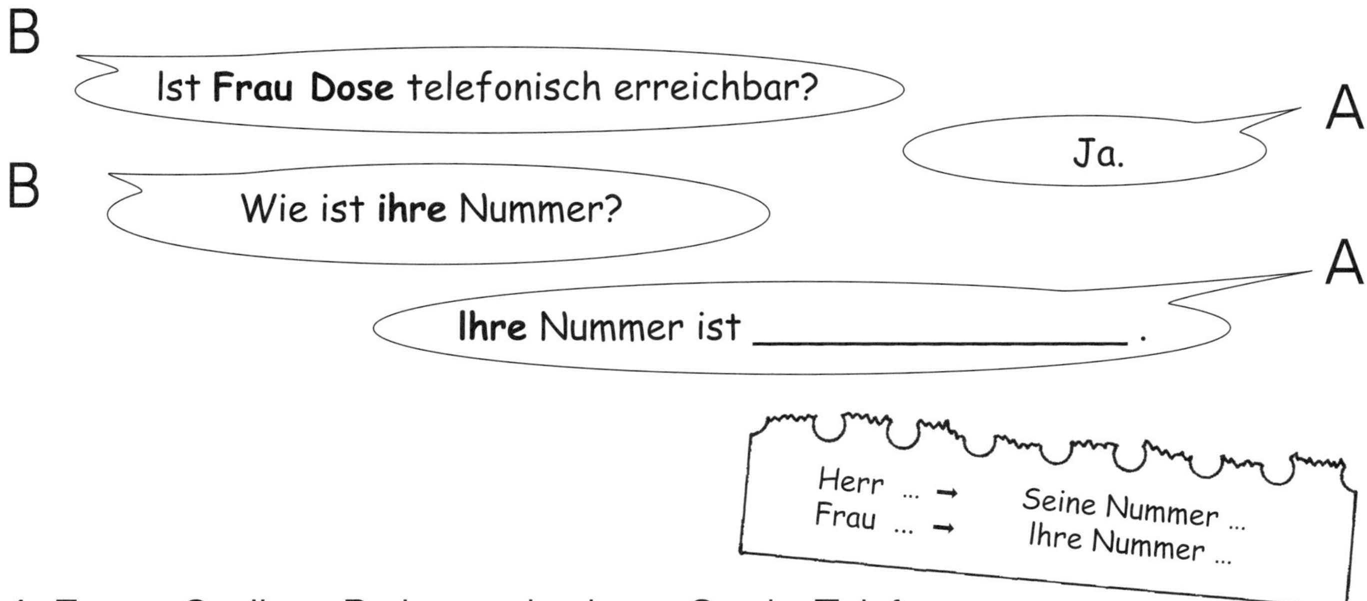

1. Fragen Sie Ihren Partner und notieren Sie die Telefonnummer.

Herr Adler ________________	Herr Klein 5 51 29 76
Herr Braune ________________	Frau Meier 4 45 63 81
Frau Engel ________________	Herr Opel 9 82 12 75
Frau Dose ________________	Herr Igel 8 23 29 86
Herr Fischer ________________	Frau Lempel –
Frau Gut ________________	Frau Jäger 8 38 62 16
Herr Hase ________________	Herr Neumann 4 14 94 34

2. Und Ihr Partner? Welche Telefonnummer hat er?

____

Die Vorwahl

Vorwahl

Jedes Land hat eine Vorwahl. Jeder Ort hat eine Vorwahl. Jedes Handy hat eine Vorwahl.

Beispiele: Deutschland hat die Vorwahl 0049
Hamburg hat die Vorwahl 040
Peter Braun hat die Telefonnummer 55 17 42 8

Maria ist in einem anderen Land und möchte Peter anrufen. Sie muss wählen: 0049 40 55 17 42 8

Ländervorwahl		Städtevorwahl	
Deutschland	0049	Berlin	(0)30
England	0044	Frankfurt	(0)69
Österreich	0043	Kiel	(0)431
Frankreich	0033	München	(0)89
Türkei	0090	Rostock	(0)381
Iran	0098	London	171

1. Peter Braun ist in Italien. Er möchte diese Personen anrufen. Welche Nummer muss er wählen (S. 96)?

   Frau Dose wohnt in Rostock.
   Peter muss wählen: ____________________
   Herr Klein wohnt in Frankfurt.
   Peter muss wählen: ____________________
   Herr Neumann wohnt in Berlin.
   Peter muss wählen: ____________________
   Frau Gut wohnt in München.
   Peter muss wählen: ____________________
   Herr Adler wohnt in Kiel.
   Peter muss wählen: ____________________
   Frau Meier wohnt in London.
   Peter muss wählen: ____________________

2. Und Sie? Welche Vorwahl haben Sie?

   ____

L 16 Wort + Wort = Wort

Ein zusammengesetztes Substantiv besteht aus Bestimmungswort und Grundwort.
Der Artikel richtet sich nach dem Grundwort.

	Bestimmungswort	+ Grundwort	= zusammengesetztes Substantiv
Beispiele:	das Telefon	die Liste	die Telefonliste
	das Telefon	der Hörer	der Telefonhörer
	der Herr	das Fahrrad	das Herrenfahrrad

1. Bilden Sie zusammengesetzte Substantive mit Artikel.

das Buch
die Nummer
der Tisch

die Karte
das Auto
der Bote

der Garten
das Fahrrad
der Tisch

der Tisch
das Spiel
das Programm

2. Schreiben Sie noch andere zusammengesetzte Substantive.

Die Tageszeiten

1. Schreiben Sie die passende Tageszeit zu der Uhrzeit.

der Morgen, der Vormittag, die Nacht, ~~der Mittag~~, der Nachmittag, der Abend

Der Mittag : etwa zwischen 12.00Uhr und 14.00Uhr.

__________ : etwa zwischen 14.00 Uhr und 18.00 Uhr.

__________ : etwa zwischen 18.00 Uhr und 23.00 Uhr.

__________ : etwa zwischen 23.00 Uhr und 05.00 Uhr.

__________ : etwa zwischen 05.00 Uhr und 09.00 Uhr

__________ : etwa zwischen 09.00 Uhr und 12.00 Uhr

2. Arbeiten Sie mit der Wörterliste und bilden Sie zusammengesetzte Substantive mit Artikel.

M 103 F 92 S 11	der Vormittag

der Montagvormittag

D 46 M 89 D 60	der Abend

V 102 N 1 F 21(n)	der Name

D 67 F 120 N 34	die Zehn

Wortschatz: Tageszeiten, Wochentage
LES und SCH
Wörterliste

L 16 Sich verabreden

1. Lesen Sie den Dialog.

2. Unterstreichen Sie die Fragen. Wie viele Fragen sind das? ______________

   Wie viele Fragewörter finden Sie? ______________

   Schreiben Sie eine Ergänzungsfrage ab. ______________

3. Üben Sie den Dialog.

4. Und Sie? Haben Sie heute etwas vor?

____

____

Wortschatz: sich verabreden
Grammatik: Fragesätze
LES und SCH

Lösungen siehe Anhang

Das trennbare Verb

Ein trennbares Verb ist ein Verb, bei dem der erste Teil in bestimmten Fällen abgetrennt wird.

	Infinitiv	im Satz
Beispiele:	vor|haben	Ich habe heute etwas vor.
	ein|kaufen	Ali kauft im Supermarkt ein.
	mit|kommen	Wir kommen morgen mit.
	los|gehen	Er geht immer um 7.00 Uhr los.

1. Suchen Sie die trennbaren Verben in den Sätzen.
   Umkreisen Sie beide Teile des Verbs und schreiben Sie den Infinitiv.

a) Meine Frau kauft immer bei KUNZE ein . einkaufen

b) Die Kursteilnehmer stellen sich im Deutschkurs vor . ________

c) Ich spiele das Verb »schlafen« vor . ________

d) Das Kind steigt in den Bus ein . ________

e) Die Frau steigt aus dem Auto aus . ________

f) Das Geschäft macht um 9.00 Uhr auf . ________

g) Ich wache meistens um 6.00 Uhr auf . ________

2. Was ist das? Schreiben Sie Sätze.

Berlin (030) 4863947	________
	________
	________
	________
	________

L 16 Bringst du mir etwas mit?

1. Lesen Sie den Dialog.
   Peter Braun trifft am späten Nachmittag seine Nachbarin im Treppenhaus.

Peter: „Ich kaufe noch schnell bei BILLIG etwas ein.“

Nachbarin: „Jetzt noch? Die machen doch gleich zu!“

Peter: „Ich brauche für heute Abend noch etwas Käse.“

Nachbarin: „Bringst du mir Tomaten mit?“

Peter: „Gerne. Wie viele soll ich denn kaufen?“

Nachbarin: „Etwa ein halbes Kilo.“

Peter: „Gut, dann laufe ich jetzt schnell los.“

Nachbarin: „Ach, kannst du mir noch etwas mitbringen?“

Peter: „Na klar. Was denn?“

Nachbarin: „Ich brauche noch etwas Brot.“

Peter: „In Ordnung.“

Nachbarin: „Hier hast du das Geld dafür.“

Peter: „Danke! Bis gleich!“

2. Markieren Sie folgende Wörter im Dialog und notieren Sie die Anzahl.

Wort	Anzahl
noch	
doch	
etwas	

Wort	Anzahl
jetzt	
schnell	
mir	

Wort	Anzahl
soll	
kannst	
brauche	

3. Üben Sie den Dialog.

Übungen zum Dialog

4. Beantworten Sie die Fragen. Schreiben Sie eine kurze Antwort.

a) Wer geht einkaufen? ______________________

b) Wo kauft er ein? ______________________

c) Wer macht gleich zu? ______________________

d) Was braucht Peter? ______________________

e) Was soll Peter mitbringen? ______________________

f) Wie viele Tomaten soll Peter kaufen? ______________________

g) Gibt die Nachbarin Geld mit? ______________________

h) Schreiben Sie den letzten Satz des Dialoges ab.

____

i) Im Dialog gibt es trennbare Verben. Schreiben Sie diese auf.

______________________ ______________________

______________________ ______________________

5. Schreiben Sie Sätze mit trennbaren Verben.

____

____

____

____

____

____

L 16 Die Entscheidungsfrage

Eine Entscheidungsfrage beantwortet man mit »Ja« oder »Nein«.
In der Entscheidungsfrage steht das konjugierte Verb an erster Stelle (Position).

	Position 1		
Beispiele:	Hat	Frau Dose	einen Computer?
	Kaufst	du	Tomaten?

Bei Ergänzungsfragen steht das Verb jedoch **an 2. Stelle** (S. 66)!

1. Welche Antwort passt zur Frage?

Wo ist mein Buch?	Ich habe drei Kinder.
Hast du heute Zeit?	Nein, ich komme aus Russland.
Woher kommen Sie?	Um 8.00 Uhr.
Kommen Sie aus Polen?	Nein, ich bleibe noch hier.
Wie viele Kinder haben Sie?	Ich komme aus der Türkei.
Wann beginnt die Schule?	Es liegt auf dem Tisch.
Gehst du nach Hause?	Ja, aber nur am Vormittag.

2. Umkreisen Sie die Verben in Nr. 1.
   Schreiben Sie die Entscheidungsfragen ab.

____

____

____

3. Hier sind zwei Entscheidungsfragen versteckt.

KOMMTHERRDABOAUSAMERIKAHASTDUKINDER

____

____

Lösungen zu 3. siehe Anhang

Frage und Antwort

L 16

Schneiden Sie die Sätze aus.
Ordnen Sie jeder Frage die passende Antwort zu.

Woher kommen Sie?	Ja, ich habe einen Sohn.
Wann hast du Zeit?	Es kostet 68,00 €.
Wo wohnen Sie?	In der Volkshochschule.
Haben Sie Kinder?	Wir gehen ins Schwimmbad.
Haben Sie ein Auto?	Latifa mit ihren Kindern.
Was kostet das Handy?	Ich komme aus China.
Wie viel kostet der große Topf?	Sie liegt auf dem Küchentisch.
Wo lernst du Deutsch?	Nein, leider nicht.
Was bist du von Beruf?	Ja, sehr gerne.
Wohin geht ihr heute Nachmittag?	Am Montag.
Wer kommt denn mit?	Weil ich arbeiten muss.
Wo ist meine Brille?	Er kostet 34,99 €.
Spielst du gerne Fußball?	Ich bin Koch.
Gehst du heute noch einkaufen?	Ich wohne in Berlin.
Warum hast du heute keine Zeit?	Nein, ich brauche nichts.

Entscheidungsfragen bilden L 16

1. Bilden Sie aus den Satzteilen Entscheidungsfragen.

Am Ende des Fragesatzes steht ein **Fragezeichen**!

du hast einen Computer
dein Handy du verkaufst
arbeitslos bist du
geht morgen zum Arzt ihr
mitbringen kannst mir du etwas
telefonisch Sie sind erreichbar

2. Umkreisen Sie die Verben in den Sätzen.

3. Denken Sie sich Entscheidungsfragen aus.

L 16 Die Präposition »vor«

1. Schreiben Sie die Sätze zu dem passenden Bild.

Ali steht vor Latifa.
Latifa steht vor Ali.

Es ist Viertel vor acht.
Es ist Viertel nach acht.

Ali steht vor dem Auto.
Anna steht vor dem Auto.

Die Kinder sind im Garten.
Die Kinder sind auf dem Spielplatz.
Im Garten ist kein Mensch.

Die Mäuse sind vor dem Zaun.
Die Maus ist vor dem Zaun.
Die Maus ist auf dem Zaun.

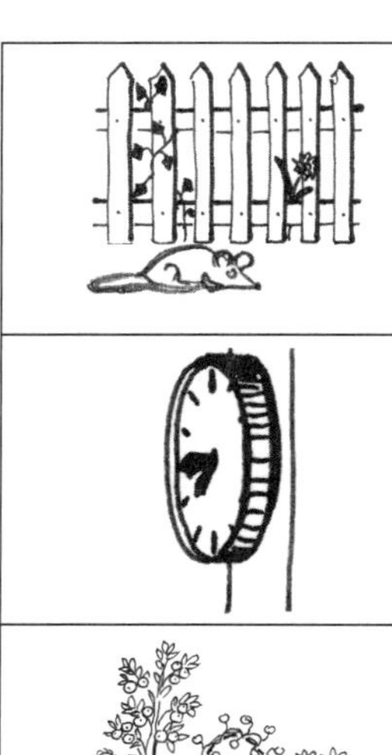

2. Was liegt vor Ihnen auf dem Tisch?

Sätze mit Präpositionen

1. Schreiben Sie zu den Bildern.

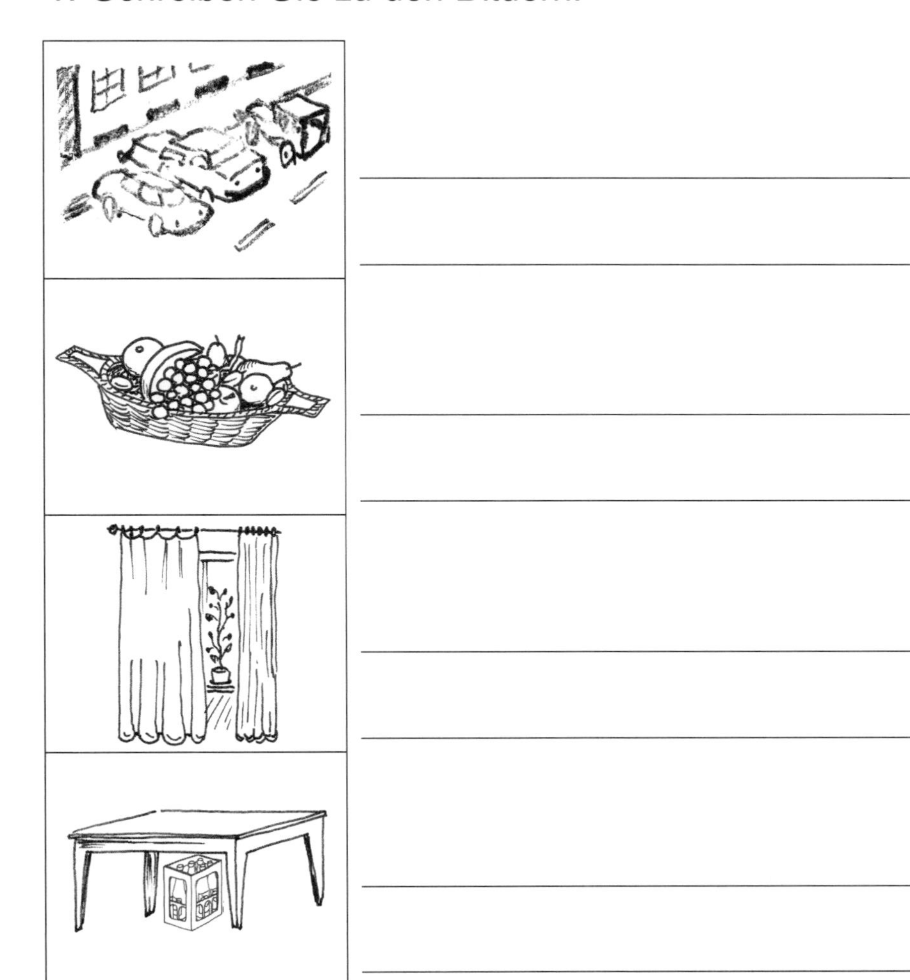

2. Hier sind fünf Fragen versteckt? Setzen Sie ein Fragezeichen an das Ende jeder Frage und schreiben Sie dann die Frage ab.

Wann kommst du nach Hause wo ist meine Uhr hast du meine Uhr bringst du mir eine Flasche Orangensaft mit brauchst du Geld

Lösungen siehe Anhang

L 16 Rund ums Telefon

Was fällt Ihnen zu dem Thema »Telefon« ein?

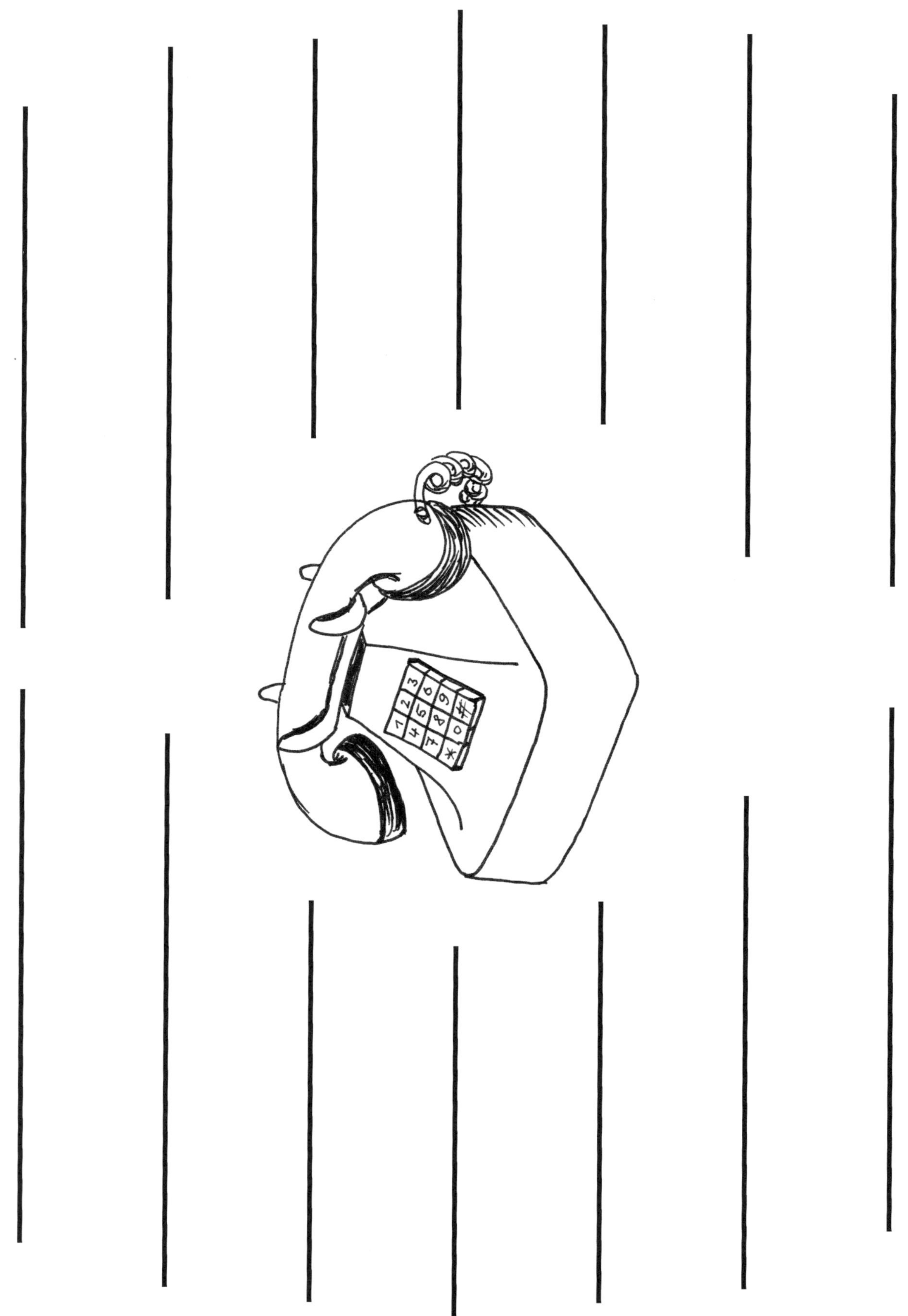

Warum weinst du?

1. Was meinen Sie? Was fragt die Frau noch?

2. Hier sind vier Aussagesätze versteckt. Setzen Sie einen Punkt an das Ende jedes Satzes. Schreiben Sie dann den Satz ab.

Den Satzanfang **groß** schreiben!

Meine Mama ist weg ich bin ganz allein ich heiße
Till ich wohne in der Bahnhofsstraße 9

L 17 Du oder Sie?

Erwachsene sprechen sich mit »Sie« an, wenn sie sich nicht so gut kennen (formell).
Erwachsene sagen »du« zu Kindern, Verwandten, Freunden und vertrauten Kollegen.

Beispiele: Wohnst du in Hamburg? Wohnen Sie in Hamburg?

1. Setzen Sie die richtige Verb-Endung ein.

Ha__ du ein Handy? Hab__ Sie ein Handy? Komm__ Sie mit?

Komm__ du mit? Wie alt _____ Sie? Wie alt bi__ du?

2. Setzen Sie das richtige Personalpronomen ein.

Die Personalpronomen sind: ich, du, er/sie/es (S. 59), wir, ihr, sie/Sie.

a) Das ist der Junge.

____ ist 5 Jahre alt. ____ weiß nicht, wo seine Mutter ist.

b) Das ist das Mädchen.

____ ist 8 Jahre alt. ____ hatte einen Unfall.

c) Das ist Dr. Meier. ____ ist ein guter Arzt.

d) Das ist Dr. Schmidt. ____ ist Kinderärztin.

e) ____ hatte einen Unfall. ____ habe große Schmerzen.

f) Mein Bein tut weh. ____ ist gebrochen. Könnt ____ mir helfen?

g) Mein Arm tut auch weh. ____ ist zum Glück nicht gebrochen.

h) Meine Hand tut auch weh. ____ ist nur verstaucht.

i) Der Verband ist verrutscht. ____ muss neu gemacht werden!

j) Wo sind die Pflaster? ____ sind im Erste-Hilfe-Kasten.

k) Kommt der Krankenwagen? Ja, ____ ist schon unterwegs.

l) Wo ist die Arztpraxis? ____ ist in der Steinstraße.

Wortschatz: Unfall
Grammatik: Personalpronomen
LES und SCH

Lösungen siehe Anhang

Beim Zahnarzt

1. Lesen Sie den Dialog.
   Die Patientin betritt das Behandlungszimmer.
   Arzt: „Guten Tag."
   Patientin: „Guten Tag, Herr Doktor."
   Arzt: „Was kann ich für Sie tun?"
   Patientin: „Ich habe seit gestern Zahnschmerzen."
   Arzt: „Oben oder unten?"
   Patientin: „Unten links."
   Arzt: „Lassen Sie mich mal nachsehen ...
   Ihnen ist eine Füllung herausgefallen."

2. Was ist richtig? Kreuzen Sie an.

☐ Die Patientin ist beim Kinderarzt.
☐ Die Patientin ist beim Frauenarzt.
☐ Die Patientin ist beim Zahnarzt.
☐ Die Patientin ist beim praktischen Arzt.

☐ Sie hat seit zwei Tagen Schmerzen.
☐ Sie hat seit einer Woche Schmerzen
☐ Sie hat seit vorgestern Schmerzen
☐ Sie hat seit gestern Schmerzen.

☐ Sie hat Bauchschmerzen.
☐ Sie hat Zahnschmerzen.
☐ Sie hat Rückenschmerzen.
☐ Sie hat Halsschmerzen.

3. Suchen Sie die zwei trennbaren Verben im Dialog.

____________________ ____________________

4. Lernwörter: der **Zahnarzt**, die **Arztpraxis**, der **Patient**, die **Patientin**,
   der **Schmerz**, die **Schmerzen** und ...

____

____

L 17 Beim praktischen Arzt

1. Lesen Sie den Dialog.

Ärztin: „Guten Morgen."

Patient: „Guten Morgen, Frau Dr. Fischer."

Ärztin: „Was fehlt Ihnen?"

Patient: „Ich habe Fieber und starken Husten."

Ärztin: „Machen Sie bitte Ihren Oberkörper frei.
Ich möchte Ihre Lunge abhören."

Patient: „Ist es etwas Ernstes?"

Ärztin: „Nein, aber Sie haben eine leichte Reizung.
Ich verschreibe Ihnen ein Medikament gegen Husten."

Patient: „Kann ich damit zur Arbeit gehen?"

Ärztin: „Ich schreibe Sie für drei Tage krank. Wenn es Ihnen dann
noch nicht besser geht, kommen Sie bitte wieder."

2. Beantworten Sie die Fragen zu dem Dialog.

a) Bei welchem Arzt ist der Patient?

____

b) Hat er Zahnschmerzen?

____

c) Warum soll er seinen Oberkörper freimachen?

____

d) Was verschreibt ihm der Arzt?

____

e) Soll er wiederkommen?

____

Wörter würfeln: Körperteile

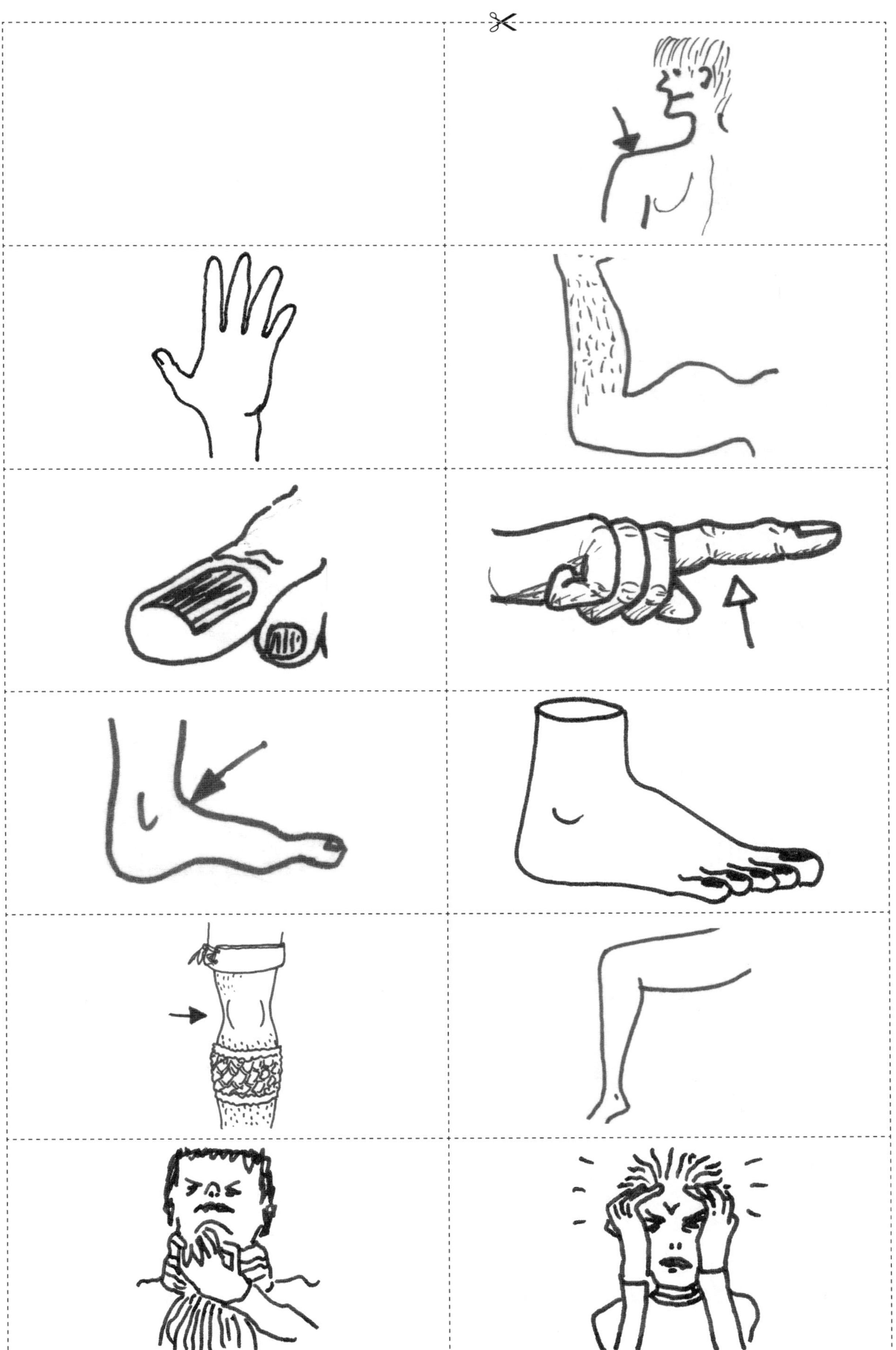

L 17 Wörter würfeln: Körperteile

Ich habe Schmerzen in der Schulter.	
Ich habe Schmerzen in dem (im) Arm.	Ich habe Schmerzen in der Hand.
Ich habe Schmerzen in dem (im) Finger.	Ich habe Schmerzen in dem (im) Zeh.
Ich habe Schmerzen in dem (im) Fuß.	Ich habe Schmerzen in dem (im) Fußgelenk.
Ich habe Schmerzen in dem (im) Bein.	Ich habe Schmerzen in dem (im) Knie.
Ich habe Kopfschmerzen.	Ich habe Halsschmerzen.

am, im oder um?

L 17

»am«, »im«, »um« können Zeit-Präpositionen sein.			
	Datum, Tag, Tageszeit	Monat, Jahreszeit	Uhrzeit
Beispiele:	am 6. April am Sonntag, am Abend	im März, im Frühling in der nächsten Woche, (in der Nacht)	um 14.00 Uhr um Mitternacht

1. Setzen Sie die richtige Präposition ein.

Das wird oft in einer Arztpraxis gesagt:

___ 15.00 Uhr ist der Doktor wieder da.

Kommen Sie ___ Februar wieder.

Der nächste Termin ist ___ 15. Januar ___ 11.30 Uhr.

Wenn Sie ___ Montag noch Schmerzen haben, kommen Sie wieder!

Fahren Sie ___ Sommer an die See. Dort ist das Klima sehr gesund.

___ August mache ich Urlaub. Dann ist die Praxis geschlossen.

Die Laborwerte bekomme ich erst ___ Nachmittag.

Rufen Sie mich ___ 17.00 Uhr noch einmal an.

2. Kreuzen Sie an, was richtig ist.

- ☐ Der Montag ist ein Monat.
- ☐ Der Montag ist ein Wochentag.
- ☐ Der März ist ein Monat.
- ☐ Der Sommer ist ein Monat.
- ☐ Der Sommer ist ein Wochentag.
- ☐ Der Sommer ist eine Jahreszeit.

- ☐ Im November scheint oft die Sonne.
- ☐ Im November regnet es viel.
- ☐ Im Juni schneit es oft.
- ☐ Im Mai scheint oft die Sonne.
- ☐ Im Sommer ist es warm.
- ☐ Im Sommer ist es kalt.
- ☐ Im Winter ist es kalt.
- ☐ Im Frühling blühen viele Blumen.

3. Rätsel: In welcher Jahreszeit geschieht das?

a) Die Bäume verlieren ihre Blätter. Im ______________________.

b) Die Kinder bauen einen Schneemann. ______________________.

c) Die Kinder haben sechs Wochen Ferien und spielen viel draußen. ______________________.

Wortschatz: Jahreszeiten
Grammatik: Präpositionen »am, im, um«
LES und SCH

Lösungen siehe Anhang

L 17 Die Adresse

An
Frau Annette Weber
Wagnerstraße 75
D-22372 Hamburg

1. Beantworten Sie die Fragen.

a) Wie heißt die Frau mit Vornamen? ______________________

b) Wie heißt sie mit Familiennamen? ______________________

c) In welchem Ort wohnt sie? ______________________

d) In welcher Straße wohnt sie? ______________________

e) Welche Hausnummer hat sie? ______________________

2. Arbeiten Sie mit der Wörterliste.

An den Artikel denken!

A 11 ______________________

A 18 ______________________

B 156 ______________________

L 9 ______________________

N 17 ______________________

O 37 ______________________

P 70 ______________________

P 71 ______________________

S 256 ______________________

Wortschatz: Adresse
LES und SCH
Wörterliste

Wer wohnt wo?

L 17

Heinz Müller Am Hallenbad 15 11456 Berlin	Maria Schmidt Jahnstraße 184 23568 Lübeck	Paul Witt Gartenstraße 8 60594 Frankfurt

Präposition »in« verwenden:
in Hamburg, in der Straße.

1. Lesen Sie die Adressen genau.

a) Wo wohnt Herr Müller? ______________________

Wie heißt er mit Vornamen? ______________________

In welcher Straße wohnt er? ______________________

b) Wer wohnt in Frankfurt? ______________________

Wie ist seine Postleitzahl? ______________________

Welche Hausnummer hat er? ______________________

c) Wer wohnt in der Jahnstraße? ______________________

Welche Hausnummer hat sie? ______________________

In welchem Ort wohnt sie? ______________________

2. Schreiben Sie die Adresse von Keebe Dabo auf den Briefumschlag.
Keebe Dabo wohnt in Hamburg. Seine Postleitzahl ist 22459.
Er wohnt in der Paul-Sorge-Straße. Seine Hausnummer ist 9a.

Lösung zu 2. siehe Anhang

L 17 So vergesslich!

Herr Braun hat viele Briefe geschrieben. Kein Brief ist angekommen.
Warum? Was hat er vergessen?

Brief Nr. 1:

An
Herrn Otfried Matthes
Berliner Straße 43
D- Hamburg

____

____

Brief Nr. 2:

An
Frau Jafari
Am Park
D- 22034

____

____

Brief Nr. 3:

An
Familie Henschel
93
D- Stuttgart

____

____

Lösungen siehe Anhang

Zusammengesetzte Substantive **L 17**

1. Schreiben Sie Ihre Adresse auf den Briefumschlag.

Der Artikel richtet sich nach dem Grundwort (S. 98)!

2. Schreiben Sie die zusammengesetzten Substantive. Arbeiten Sie mit der Wörterliste.

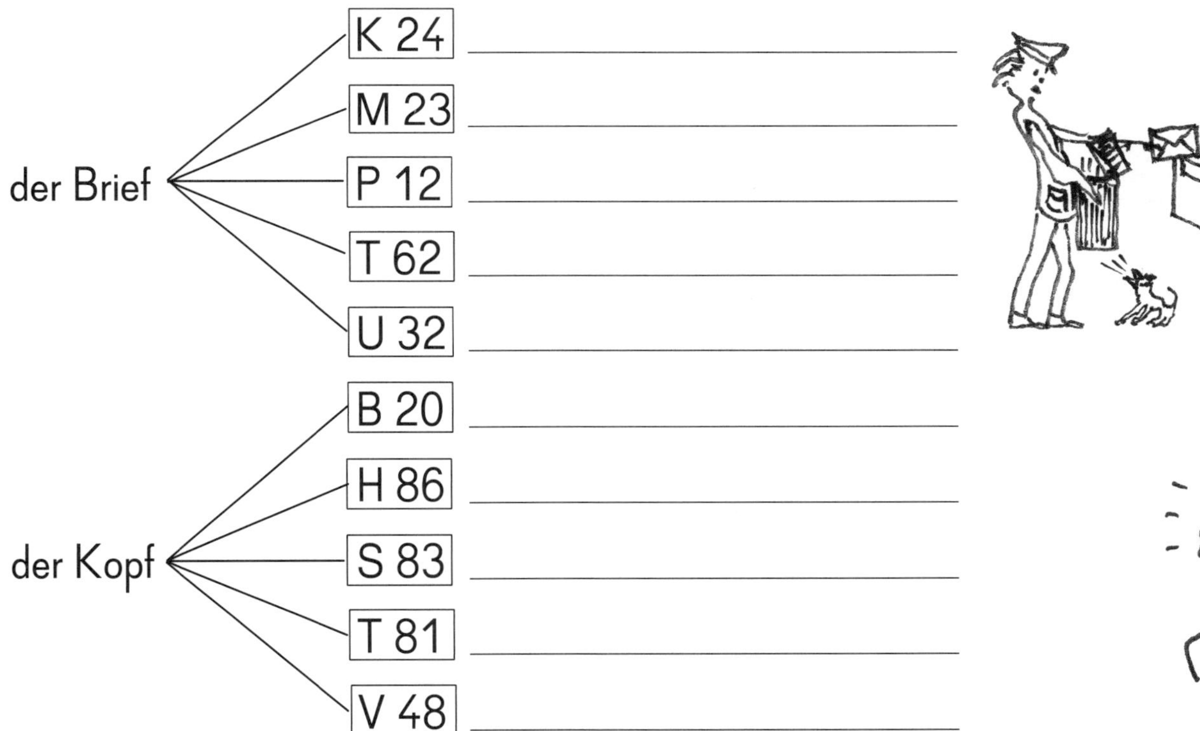

3. Diese Substantive sind aus drei Wörtern zusammengesetzt.

der Kopf	der Schmerz	die Tablette

der Fuß	der Ball	der Platz

Grammatik: zusammengesetzte Substantive (Wh.)
SCH
Wörterliste

L 17 Oberbegriffe

Regenhose, Kindertisch, ~~Kaffeelöffel~~, Schreibheft, Bein, Käse, Pullover, Küchenstuhl, Ringfinger, Milch, Schreibtisch, Buntstift, Knie, Salatbesteck, Unterarm, Suppenteller, Weinglas, Weißbrot, Winterjacke, Kuchengabel, Bücherregal, Kaffeetasse, Anspitzer, Fußgelenk, Salat, Salatschüssel, Fingernagel, Doppelbett, Teekanne, Fingerhandschuh, Badehose, Frühstücksmesser, Kuchenteller, Wollmütze, Kuchen, Ordner, Wurst, Radiergummi, Suppenkelle, Kochtopf, Kleiderschrank, Schlafzimmerschrank, Tomatensuppe, Sommerkleid

Ordnen Sie die Substantive nach Oberbegriffen.
Denken Sie beim Abschreiben an den Artikel!

Grundwort (Artikel) in der Wörterliste nachsehen!

Die Körperteile
____
____
____
____
____

Die Schreibwaren
____
____
____
____
____

Das Besteck
der Kaffeelöffel
____
____
____
____

Wortschatz: Oberbegriffe
Grammatik: Grundwort(Wh.), Wörterliste
LES und SCH

Lösungen siehe Anhang

Oberbegriffe

Die Lebensmittel

Das Geschirr

Die Kleidung

Die Möbel

Lösungen siehe Anhang

L 17 Das Satzglied

Ein Satz besteht aus Satzgliedern (Satzteilen).
Ein Satz hat mindestens zwei Satzglieder.

	Satzglied	Satzglied	Satzglied	Satzglied
Beispiele:	Das Auto	fährt.		
	Ali	schreibt	einen Brief	an seine Mutter.
	Der Kuchen	schmeckt	gut.	

Wie viele Satzglieder haben die folgenden Sätze?

1. Aussagesatz	Anzahl der Satzglieder
Das Kind spielt.	2 Satzglieder
Das Kind spielt draußen.	______ Satzglieder
Das Kind spielt draußen mit einem Ball.	______ Satzglieder

Verb: ______

Wer spielt draußen? ______

Wo spielt das Kind? ______

Womit spielt das Kind? ______

2. Aussagesatz	Anzahl der Satzglieder
Der Ball rollt.	______ Satzglieder
Der Ball rollt auf die Straße.	______ Satzglieder

Verb: ______

Was rollt? ______

Wohin rollt der Ball? ______

Lösungen siehe Anhang

Lange Sätze

3. Aussagesatz	Anzahl der Satzglieder
Balu arbeitet.	________ Satzglieder
Balu arbeitet als Briefträger.	________ Satzglieder
Balu arbeitet als Briefträger in Hamburg.	________ Satzglieder

Verb: ____________________

Wer arbeitet? ____________________

Als was arbeitet Balu? ____________________

Wo arbeitet Balu? ____________________

4. Aussagesatz	Anzahl der Satzglieder
Er macht.	________ Satzglieder
Er macht eine Pause.	________ Satzglieder
Er macht jeden Freitag eine Pause.	________ Satzglieder
Er macht jeden Freitag am Bahnhof eine Pause.	________ Satzglieder

Verb: ____________________

Wer macht eine Pause? ____________________

Was macht er? ____________________

Wann macht er eine Pause? ____________________

Wo macht er eine Pause? ____________________

2. Schreiben Sie einen langen Satz mit vielen Satzgliedern.

____

____

____

Lösungen siehe Anhang

L 17 Glück gehabt!

Artur spielt [d 65] [v 102] dem [H 28]. Er [s 208] mit anderen Kindern [F 125]. Es macht [g 76] en [S 197]. Er [s 54] sogar ein Tor! Plötzlich [r 73] der Ball auf die [S 253].

1. Schreiben Sie die Geschichte ab. Arbeiten Sie dabei mit der Wörterliste.

2. Was meinen Sie, wie die Geschichte weitergeht? Schreiben Sie.
   Wenn Sie Hilfe brauchen, lesen Sie auf S. 127 Nr 3.

LES und WAH/SCH, SCH
Wörterliste

Übungen zum Text L 17

3. Mögliche Enden der Geschichte »Glück gehabt«:

a) Ein Kind rennt auf die Straße. Das Auto kann nicht mehr bremsen. Aber zum Glück fährt es langsam. Das Kind hat nur eine leichte Gehirnerschütterung.

b) Die Kinder bleiben stehen und warten bis kein Auto mehr kommt. Dann holen sie den Ball.

c) Ein Kind rennt auf die Straße. Aber die Autos können noch rechtzeitig bremsen. So ein Glück!

4. Beantworten Sie die Fragen zu der Geschichte »Glück gehabt«.

Wo spielen die Kinder? ______________________

Was spielen die Kinder? ______________________

Wer schießt ein Tor? ______________________

5. Lernwörter: Wörter mit »ß«

Vor dem »ß« steht ein langer Vokal!

a) Suchen Sie Wörter mit »ß« in der Geschichte.

____

____

b) Setzen Sie die Silben zusammen.

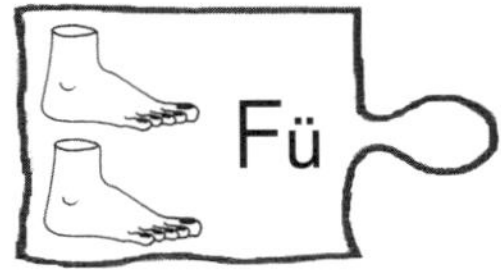

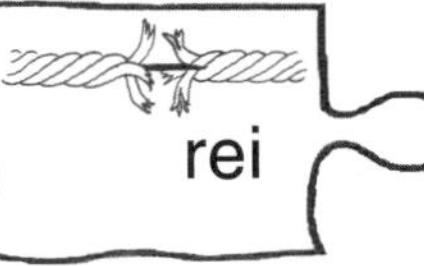

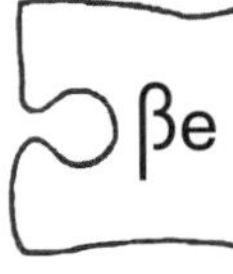

____

c) Schreiben Sie Sätze mit Wörtern, die ein »ß« haben.

____

____

____

L 17 Körperteile

1. Was hat der Zeichner vergessen?

____

____

____

____

____

2. Welches Wort passt nicht?

a) der Internist, der Hautarzt, der Lehrer _______________

b) das Auge, das Ohr, der Mund, der Zeh _______________

c) der Kopf, der Fuß, das Bein, der Zeh _______________

d) die Spritze, die Pflaume, das Pflaster _______________

e) der Mund, die Zunge, der Zahn, die Nase _______________

f) der Patient, der Kunde, der Arzt _______________

g) das Rezept, der Bonbon, das Medikament _______________

h) krank, klein, verletzt, verstaucht _______________

i) das Herz, die Lunge, das Bein, der Magen _______________

Wortschatz-Übungen L 17

1. Was ist das?

die Versichertenkarte, die Praxisgebühr, das Rezept, der Termin

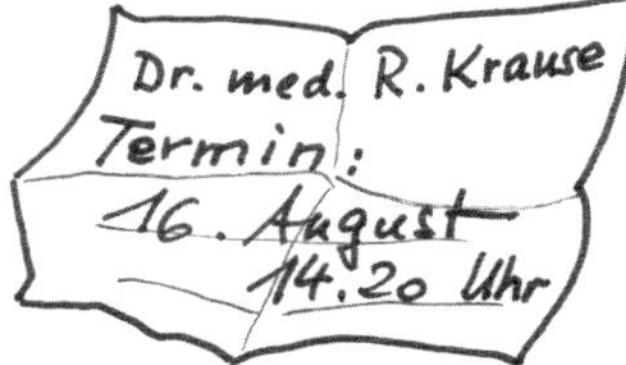

______________ ______________ ______________

2. Setzen Sie die Wörter richtig ein.

die Haut, das Auge, die Augen, das Ohr, die Ohren, die Nase, die Nasen, die Zunge, die Zungen, das Medikament, die Medikamente, die Apotheke, die Apotheken, der Zahnarzt, das Fieber, die Zahnärzte, der Orthopäde, die Orthopäden, das Krankenhaus, die Krankenhäuser, die Krankenkasse, die Krankenkassen

Man hört mit den ______________ .

Man sieht mit den ______________ .

Man riecht mit der ______________ .

Man fühlt mit der ______________ .

Man schmeckt mit der ______________ .

Mein Sohn hat ______________ .

Ich habe Rückenschmerzen. Ich muss zum ______________ .

Das Kind hat sich verletzt. Es muss ins ______________ .

Mein Mann geht zur ______________ .

Er bringt mir das ______________ mit.

Wer bezahlt den Arzt? ______________ .

L 17 Rund um den Arztbesuch

Was fällt Ihnen zu dem Thema »Arztbesuch« ein?

Arztbesuch

Die Nachbarn

Kreuzen Sie die richtigen Aussagen an.

- ☐ Herr Moradi ist Bauarbeiter.
- ☐ Das Ehepaar Moradi hat ein Kind.
- ☐ Das Hausmeisterehepaar hat Kinder.
- ☐ Das Hausmeisterehepaar hat keine Kinder.
- ☐ Frau Fischer wohnt im Dachgeschoss.
- ☐ Frau Fischer ist verheiratet.
- ☐ Frau Lauf ist Verkäuferin.
- ☐ Das Ehepaar Lauf hat zwei Kinder.
- ☐ Frau Moradi ist 29 Jahre alt.
- ☐ Frau Moradi ist Verkäuferin.
- ☐ Im Haus leben drei Kinder und acht Erwachsene.
- ☐ Im Haus leben drei Kinder und sieben Erwachsene.
- ☐ Im Keller wohnt eine Maus.

L 18 Papa hat Zeit!

Annas Vater hat h 62 Nachmittag Z 27. Anna f 98 sich sehr. S 162 darf sogar e 13 F 102 mitnehmen. Herr Moradi geht mit beiden Kindern a 107 den S 210. Dort gibt es eine neue S 35. Es ist sehr h 41. B 93 sie n 1 Hause gehen, k 29 der V 1 beim E 47 noch d 67 Eis.

1. Schreiben Sie die Geschichte ab. Arbeiten Sie dabei mit der Wörterliste.

2. Beantworten Sie die Fragen zur Geschichte »Papa hat Zeit!«.

a) Wer freut sich? ____________________

b) Wohin geht Annas Vater? ____________________

c) Wer kauft Eis? ____________________

d) Wo kauft er das Eis? ____________________

e) Warum freut sich Anna?

____

____

3. Schreiben Sie die zusammengesetzten Substantive (Wörterliste).

F 34, F 64, P 14, S 171, S 205, S 213 → der Platz

der ____________________

____

____

____

____

____

4. Lernwörter:
Wörter mit »au«, »ei«, »eu« aus der Geschichte. Sortieren Sie nach:

au	____________________
ei	____________________ ____________________
eu	____________________

LES und SCH
Wörterliste
Rechtschreibung: Diphthonge

L 18 Frühstück

1. Hier stimmt etwas nicht! Nummerieren Sie in der richtigen Reihenfolge.

Frühstück bei Familie Lauf

- ⬡ Die Kinder decken den Tisch.
- ⬡ Jetzt setzen die Kinder ihre Mützen auf und gehen zur Schule.
- ⬡ Während die Kinder Zähne putzen, schmiert Frau Lauf die Schulbrote.
- ⬡ Um 7.00 Uhr sitzen alle am Tisch und frühstücken.
- ⬡ Während Frau Lauf ins Bad geht, kocht Herr Lauf Kaffee und versorgt die Katze.
- ⬡ Um 6.30 Uhr steht Familie Lauf auf.

2. Schreiben Sie den Text in der richtigen Reihenfolge ab.

Übungen zum Text L 18

3. Kreuzen Sie die passenden Sätze an.

	☐ In der Tasse ist Kaffee. ☐ In der Tasse ist kein Kaffee. ☐ In der Tasse ist Tee. ☐ Die Tasse steht unter der Untertasse. ☐ Die Tasse steht auf der Untertasse.
	☐ Das Messer liegt neben dem Teller. ☐ Das Messer steht neben dem Teller. ☐ Der Löffel liegt neben dem Teller. ☐ Der Löffel liegt auf dem Teller. ☐ Der Teller ist leer.
	☐ Die Milchkanne ist leer. ☐ Die Milchkanne ist voll. ☐ Das Glas ist voll. ☐ Das Glas ist leer. ☐ In dem Glas ist etwas Milch.
	☐ Auf dem Brotkorb sind drei Scheiben Brot. ☐ In dem Brotkorb sind drei Scheiben Brot. ☐ Auf dem Teller liegt ein Brot mit Marmelade. ☐ In dem Teller liegt ein Brot mit Marmelade. ☐ Auf dem anderen Brot ist eine Scheibe Käse. ☐ Auf dem anderen Brot sind zwei Scheiben Käse.

4. Lernwörter: Wörter mit »tz«.

a) Suchen Sie Wörter mit »tz« in dem Text »Frühstück bei Familie Lauf«.

____

____

b) Schreiben Sie noch andere Wörter mit »tz«.

____

____

L 18 Haushaltsgeräte

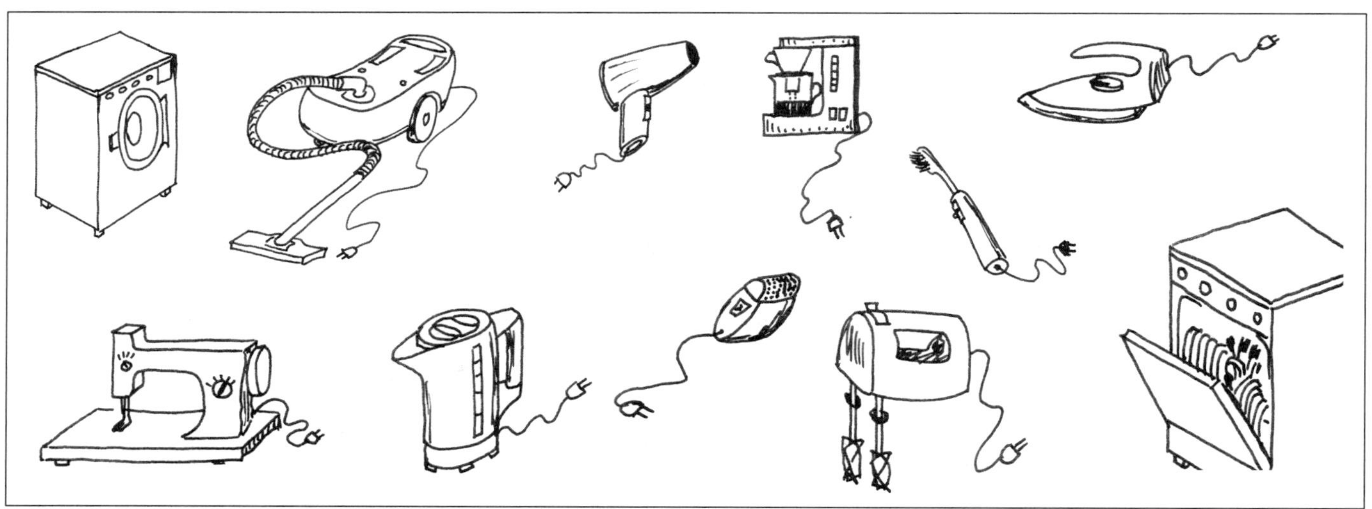

1. Schreiben Sie zu den Geräten den richtigen Buchstaben.

a) die Kaffeemaschine	b) die Waschmaschine	c) die Nähmaschine
d) die Spülmaschine	e) der Wasserkocher	f) das Handrührgerät
g) der Staubsauger	h) der Föhn	i) der Rasierapparat
j) die elektrische Zahnbürste		k) das Bügeleisen

2. Ordnen Sie die Geräte nach dem Alphabet.

Was ist das?

Kaputt! L 18

1. Üben Sie diesen Dialog über kaputte Haushaltsgeräte.

A: Meine Waschmaschine ist kaputt.
Ich **muss** eine neue Waschmaschine **kaufen**!

B: **Kann** man die nicht **reparieren**?

A: Doch, die Reparatur ist aber fast so teuer wie eine neue Maschine.

B: So ein Ärger!

2. Schreiben Sie einen ähnlichen Dialog.

A: ______________________________

____

____

B: ______________________________

____

A: ______________________________

____

____

B: ______________________________

____

Wortschatz: Haushaltsgeräte
SCH

L 18 Die Modalverben

Es gibt sechs Modalverben: können, dürfen, müssen, mögen (möchten), sollen, wollen.
Das Modalverb steht meistens in Verbindung mit einem Verb im Infinitiv (Satzklammer).

		Modalverb	Satzklammer	Verb im Infinitiv
Beispiele:	Die Maschine	kann	man	reparieren.
	Anna	darf	eine Freundin	mitnehmen.
	Du	musst		aufstehen.
	Er	möchte	den Staubsauger	ausprobieren.
	Ihr	sollt	euch die Haare	föhnen.
	Ich	will	eine neue Waschmaschine	haben.

1. Umkreisen Sie die Verben in den Sätzen.

Mein Mann kann noch nicht gut Deutsch sprechen . Er muss jetzt unbedingt Deutsch lernen . Ich muss mit dem Lehrer telefonieren . Mein Sohn kann schon schwimmen . Er darf aber noch nicht alleine ins Schwimmbad gehen . Er will aber alleine gehen .

2. Bilden Sie aus den Satzteilen Aussagesätze.

parken darf hier man
morgen wir müssen zum Arzt gehen

3. Und Sie? Was müssen Sie heute noch tun?

Wörter würfeln: E-Geräte

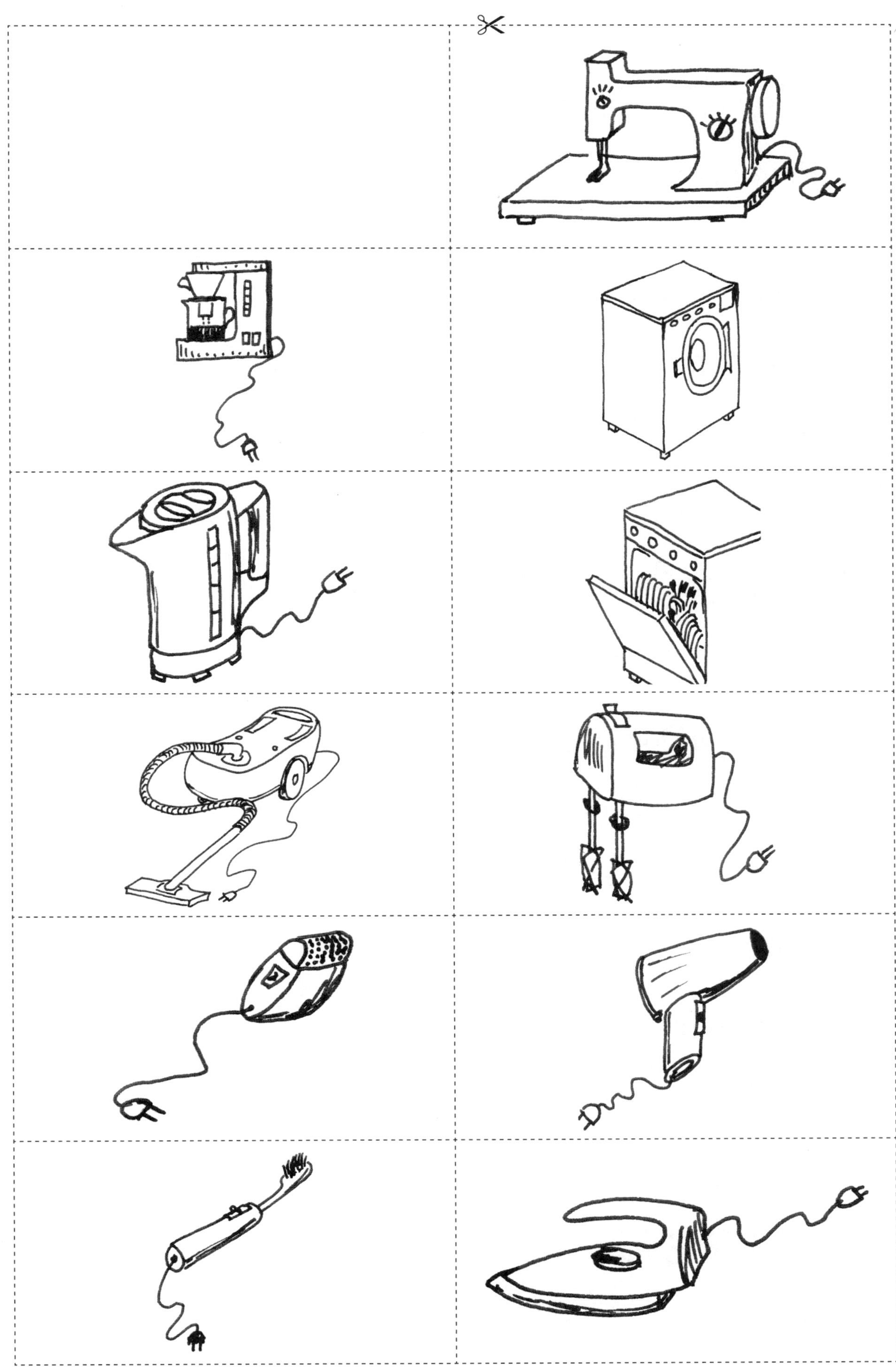

Wortschatz: Haushaltsgeräte
Grammatik: Modalverb »können«, Präposition »mit«

L 18 Wörter würfeln: E-Geräte

Man kann mit der Nähmaschine nähen.	
Man kann mit der Waschmaschine Wäsche waschen.	Man kann mit der Kaffeemaschine Kaffee kochen.
Man kann mit der Spülmaschine Geschirr spülen.	Man kann mit dem Wasserkocher Wasser kochen.
Man kann mit dem Handrührgerät Teig rühren.	Man kann mit dem Staubsauger Staub saugen.
Man kann sich mit dem Föhn die Haare trocknen.	Man kann sich mit dem Rasierapparat rasieren.
Man kann mit dem Bügeleisen die Wäsche bügeln.	Man kann sich mit der elektrischen Zahnbürste die Zähne putzen.

Womit macht man was? L 18

Nach der Präposition »mit« steht immer der Dativ.

	der Föhn	die Maschine	das Bügeleisen
Dativ:	mit dem Föhn	mit der Maschine	mit dem Bügeleisen

1. Ergänzen Sie die Sätze.

a) Frau Schmidt kocht den Kaffee mit der Kaffeemaschine.

b) Sie kocht das Wasser ______ ______ ____________.

c) Sie rührt den Teig ______ ______ ____________.

d) Sie wäscht die Kleidung ______ ______ ____________.

e) Sie bügelt die Blusen ______ ______ ____________.

f) Sie saugt Staub ______ ______ ____________.

g) Sie trocknet ihre Haare ______ ______ ____________.

h) Sie putzt ihre Zähne ______ ______ ____________.

i) Sie näht ______ ______ ____________

j) Sie spült das Geschirr mit der Hand, weil die ____________ kaputt ist.

2. Hier sind zwei Aussagesätze versteckt.

PETERWILLEINENKUCHENBACKENERRÜHRTDENTEIGMITDEMHANDRÜHRGERÄT

Lösungen zu 2. siehe Anhang

L 18 Der Besuch

1. Lesen Sie den Dialog.

Der Unterricht hat noch nicht begonnen. Peter und Latifa unterhalten sich.

Peter: „Warum bist du gestern nicht im Deutschkurs gewesen?"

Latifa: „Wir haben Besuch gehabt."

Peter: „Wer hat euch denn besucht?"

Latifa: „Mein Bruder ist mit seiner Familie für drei Tage gekommen."

Peter: „Besuch ist schön. Er macht aber auch viel Arbeit!"

Latifa: „Ja, wir haben auch schon vor einer Woche
mit den Vorbereitungen angefangen."

Peter: „Was habt ihr denn alles gemacht?"

2. Latifa erzählt. Verbinden Sie die Sätze mit dem passenden Bild.

Ich habe Wäsche gewaschen.
Wir haben die Wohnung aufgeräumt.
Mein Mann hat die Fenster geputzt.
Mein Sohn hat das Geschirr abgewaschen.
Meine Tochter hat Staub gesaugt.
Ich habe eine Gemüsesuppe gekocht.
Meine Mutter hat einen Kuchen gebacken.

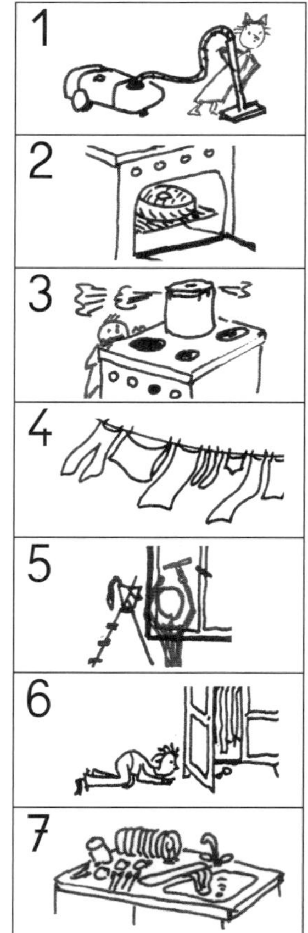

Das Perfekt

L 18

Mit dem Perfekt beschreibt man ein Geschehen, das vergangen ist.
Das Perfekt besteht aus zwei Teilen:
einer konjugierten Form von »haben« oder »sein« und dem Partizip II.

		haben		Partizip II		sein		Partizip II
Beispiele:	Ich	habe		geschlafen.	Ich	bin		gelaufen.
	Du	hast	im Bus	geschlafen.	Du	bist	zur Schule	gelaufen.
	Er	hat	im Bus	geschlafen.	Er	ist	zur Schule	gelaufen.
	Wir	haben	im Bus	geschlafen.	Wir	sind	zur Schule	gelaufen.
	Ihr	habt	im Bus	geschlafen.	Ihr	seid	zur Schule	gelaufen.
	Sie	haben	im Bus	geschlafen.	Sie	sind	zur Schule	gelaufen.

1. Lesen Sie. Umkreisen Sie die Verben.

Es ist __________ Uhr.
Ali macht seine Hausaufgaben.
Er liest und schreibt.
Er hört dabei Musik.

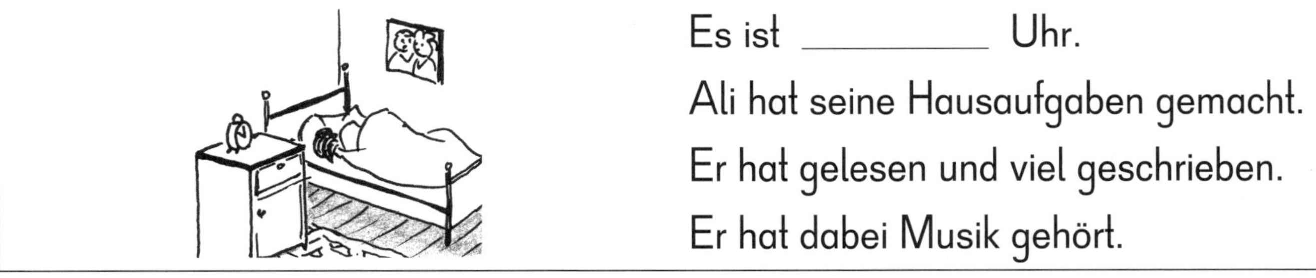

Es ist __________ Uhr.
Ali hat seine Hausaufgaben gemacht.
Er hat gelesen und viel geschrieben.
Er hat dabei Musik gehört.

2. Was passt zusammen?

machen	→	gemacht	gelesen
lesen	→		geschrieben
essen	→		gearbeitet
schreiben	→		~~gemacht~~
hören	→		gehört
arbeiten	→		gegessen

L 18 Das Perfekt mit »haben«

Das Partizip II hat zwei mögliche Endungen: ge .... < t / en

1. Bilden Sie das Perfekt.

koch en Er hat ge koch t	schlaf en Er hat ge schlaf en
dusch en Er hat ___ ________ ___	wasch en Er hat ___ ________ ___
antwort en Er hat ___ ________ ___	seh en Er hat ___ ________ ___
hab en Er hat ___ ________ ___	fress en Er hat ___ ________ ___

2. Schreiben Sie das Perfekt zum Infinitiv.

Bei diesen Verben endet das Partizip mit »-t«!

frühstücken	Ich habe gefrühstückt.	putzen	________
lachen	Ich habe ________	rühren	________
kaufen	________	bügeln	________
rauchen	________	fragen	________
spielen	________	trocknen	________

3. Und Sie? Was haben Sie heute Morgen gemacht?

____

____

____

Wörter würfeln: Perfekt

L 18

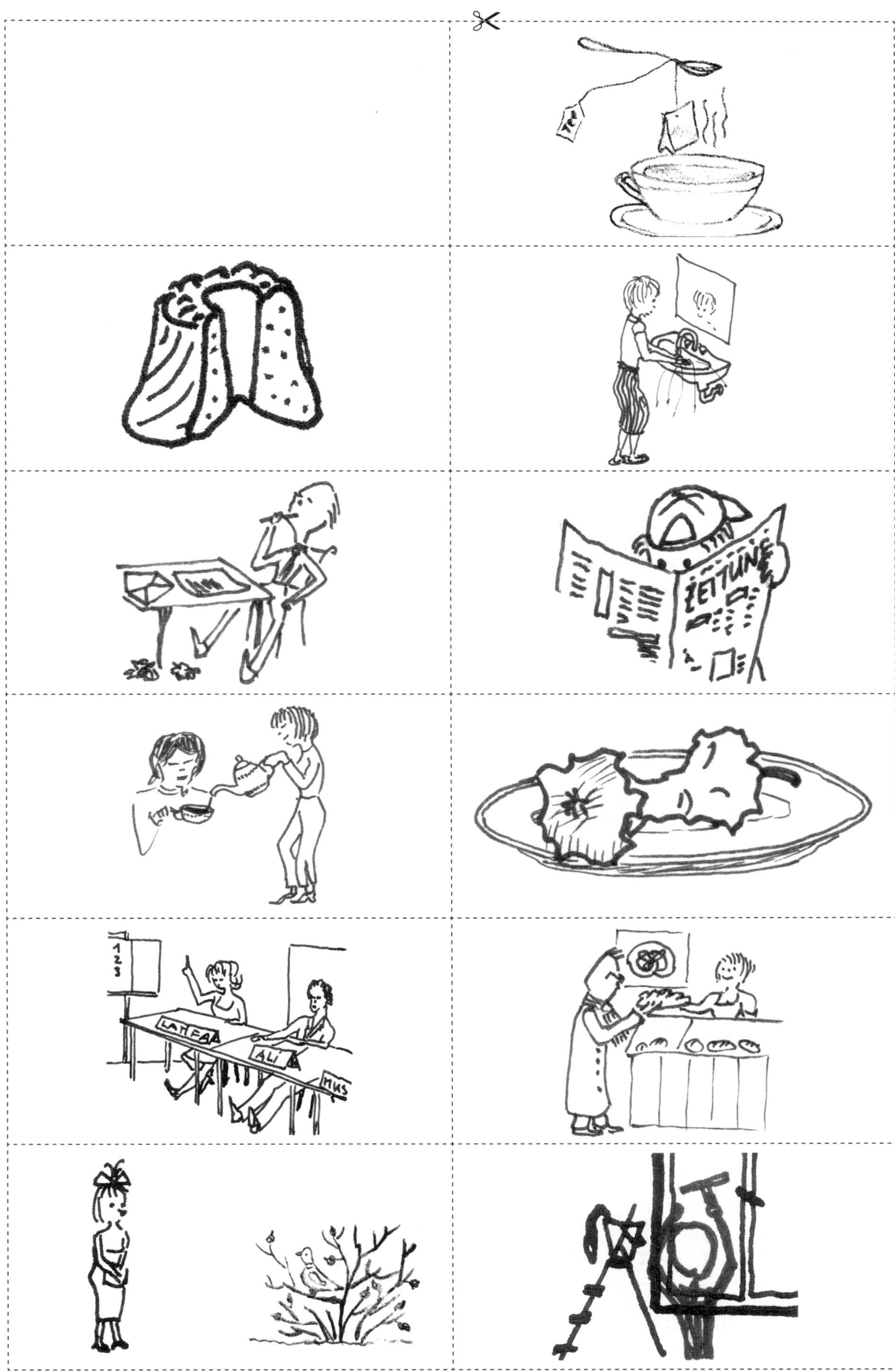

L 18 Wörter würfeln: Perfekt

Ich habe einen Tee gekocht.	
Ich habe meine Hände gewaschen.	Ich habe einen Kuchen gebacken.
Ich habe eine Zeitung gelesen.	Ich habe einen Brief geschrieben.
Ich habe einen Apfel gegessen.	Ich habe einen Tee getrunken.
Ich habe ein Brot eingekauft.	Ich habe den Lehrer gefragt.
Ich habe die Fenster geputzt.	Ich habe einen Vogel gesehen.

Das Perfekt im Aussagesatz L 18

1. Bilden Sie aus den Satzteilen Sätze. Umkreisen Sie die Verben.

habe ich eine Suppe gekocht	
viel haben gelacht wir	
die Kinder geholfen beim Aufräumen haben	
hat im Supermarkt meine Frau eingekauft	

2. Schreiben Sie passende Sätze zu den Bildern. Achten Sie auf die Zeit!

L 18 »au« und »ei«

Notieren Sie die Bildnummer zum passenden Satz.

Drei Plätze sind frei.
Drei Portionen Eis sind auf dem Tablett.
Er schreibt »Freitag« auf einen Stein.
Das Schwein heißt »Freitag«.
Zwei kleine Schweine haben keinen Schwanz.
Ein kleines Schwein hat keinen Schwanz.

Sie steigt ein.
Sie steigt aus.
Sie laufen in das Haus.
Sie laufen aus dem Haus.

Im Auto sitzt eine Taube.
Auf dem Auto sitzt eine Taube.
Im Baum fliegt eine Taube.
Im Baum sitzt eine Taube.

Er saugt Staub.
Sie saugt Staub.
Die Frauen rauchen.
Die Frau raucht.

Sie brauchen eine neue Schaufel.
Sie brauchen ein neues Auto.
Die Frauen kaufen eine Bluse.
Die Frau kauft eine Bluse.

Sie hat ein langes Kleid an.
Sie hat ein kurzes Kleid an.
Sie schneidet einen Apfel.
Sie schneidet ein Papier.

Er hat einen Hut auf dem Kopf.
Er hat keinen Hut auf dem Kopf.
Er hat einen Hut in der Hand.
Er hat eine Maus in der Hand.
Er hat eine Maus auf der Hand.

1 2  3  4  5  6  7 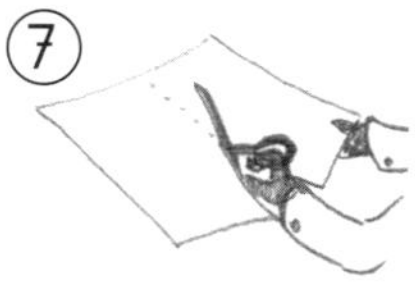 8  9  10  11  12  13  14  15  16  17  18  19  20

Freitag

FREI

Wortschatz: Wh.
LES
Rechtschreibung: »au« und »ei«

Teuer oder billig?

Schreiben Sie zwei oder mehr Sätze.

a) Was ist kaputt?

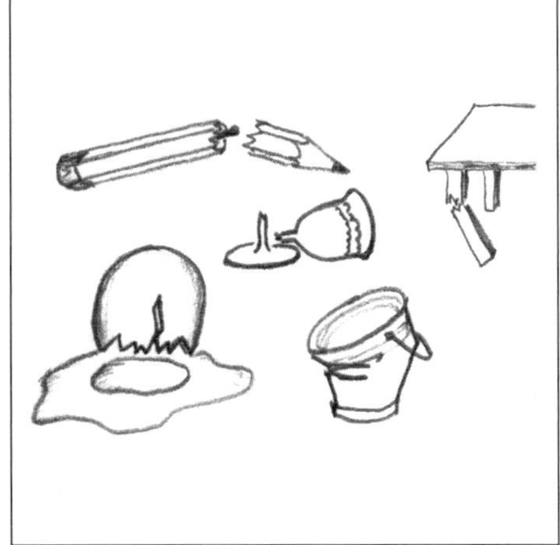

b) Was ist neu und was ist alt?

c) Was ist teuer und was ist billig?

22,80 €

749,- €

245,- €

390,- €

68,- €

Wortschatz: Wh.
SCH
Rechtschreibung: »eu«

L 18 Rund um den Besuch

Was fällt Ihnen zu dem Thema »Besuch« ein?

Besuch

Verkehrsmittel

L 19

1. Kreuzen Sie das passende Substantiv an.

☐ der Bus ☐ die Bahn	☐ die Tankstelle ☐ das Taxi	☐ der Kran ☐ der Krankenwagen	☐ das Polizeiauto ☐ das Postauto
☐ das Fahrrad ☐ die Fähre	☐ das Motorrad ☐ das Fahrrad	☐ die Straßenbahn ☐ das Schiff	☐ die U-Bahn ☐ der Tunnel
☐ die Fähre ☐ das Flugzeug	☐ der Intercity ☐ die Straßenbahn	☐ der Möbelwagen ☐ der Sportwagen	☐ das Motorrad ☐ das Dreirad

2. Lesen Sie den Text.

Ich fahre immer mit der U-Bahn zur Schule. Meine Frau fährt meistens mit dem Auto zur Arbeit, manchmal fährt sie auch mit dem Bus. Mein Sohn fährt bei schönem Wetter mit dem Fahrrad zur Schule. Er hat einen Fahrradführerschein in der Schule gemacht. Wenn es regnet, geht er aber zu Fuß. Er braucht für den Schulweg 10 Minuten. Meine Tochter darf manchmal mit dem Dreirad zum Kindergarten fahren.

Nach »mit« steht immer der **Dativ!**

3. Unterstreichen Sie die Präposition »mit« und das dazugehörende Verkehrsmittel. Schreiben Sie das Satzglied heraus.

mit der U-Bahn, mit

4. Und Sie? Mit welchem Verkehrsmittel kommen Sie zur Schule?

L 19 Am Bahnhof

1. Üben Sie den Dialog.

A
Welcher Bus fährt zum /zur ...?
Welche Straßenbahn fährt zum /zur ...?

B
Der Bus Nummer 192.
Die Straßenbahn Nummer 4.

2. Zum Glück gibt es Schilder. Welcher Text passt zu welchem Bild?

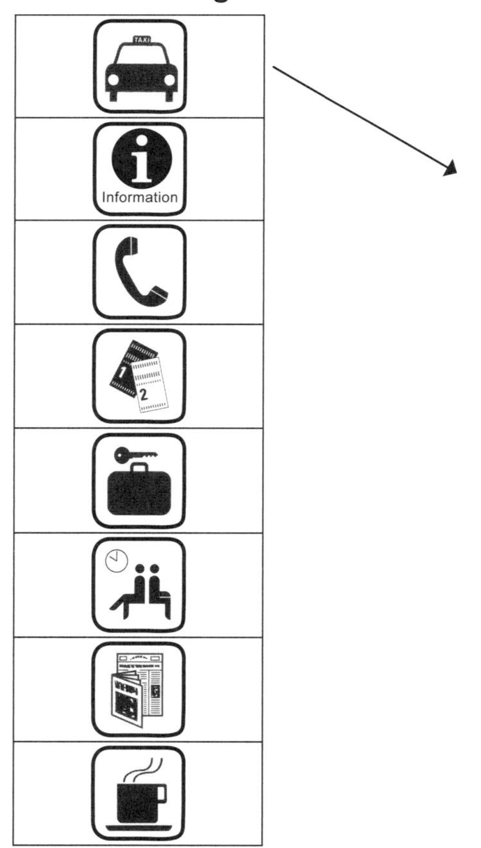

telefonieren
eine Fahrkarte kaufen
ein Taxi bekommen
nach etwas fragen
Kaffee trinken
Gepäck aufbewahren
warten
eine Zeitung kaufen

Wortschatz: Bahnhof
Grammatik: Präposition »zu«
LES

Wo kann man ... ? L 19

1. Üben Sie den Dialog mithilfe der Bilder auf S. 152.

A

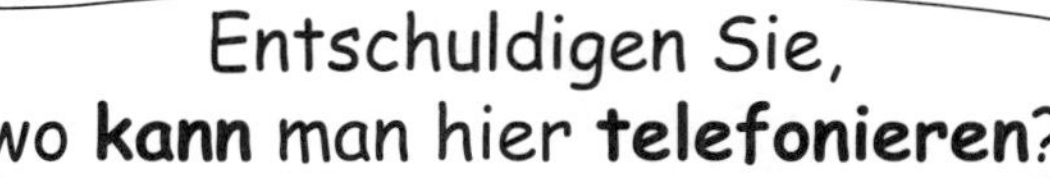

B

Dort **kann** man **telefonieren**.

A

Entschuldigen Sie,
wo **kann** man eine Fahrkarte **kaufen**?

B

Dort **kann** man eine Fahrkarte **kaufen**.

2. Schreiben Sie 3 Fragen auf.

Entschuldigen Sie, wo kann man ______________________

____

____

____

____

____

____

____

3. Lernwörter: die U-Bahn, der Bahnhof, die Fahrkarte, das Fahrrad,
er fährt, das Gepäck und ...

____

____

____

Grammatik: Satzklammer mit »kann«
SCH
Rechtschreibung: Dehnungs-h

L 19 Wie komme ich zum/zur ...?

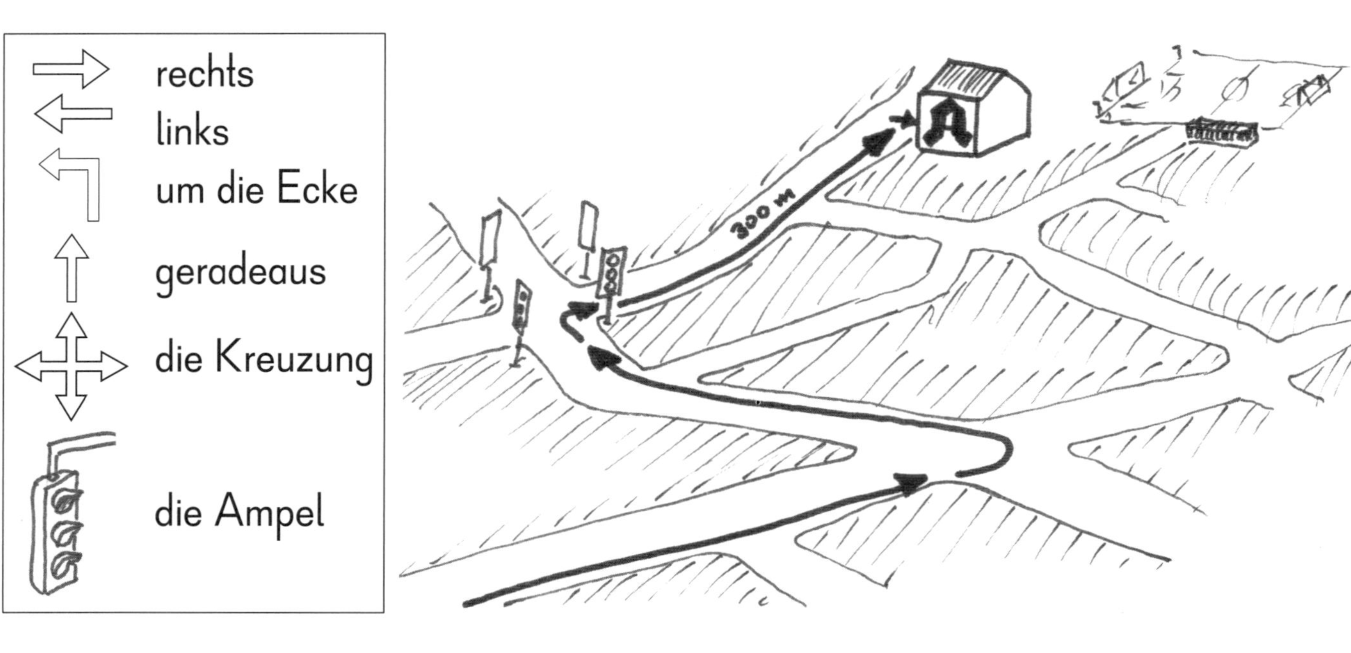

1. Üben Sie den Dialog.

A: Entschuldigen Sie, wie komme ich zur Apotheke?

B: Gehen Sie geradeaus bis zur Kreuzung, dann links um die Ecke bis zur Ampel, dann rechts und dann noch 300 Meter. Dort ist der Eingang.

A: Vielen Dank!

2. Beschreiben Sie den Weg zum Sportplatz.

Gehen Sie ______________________________

____

____

____

____

____

A: Wo sind Sie gewesen? L 19

	Präsens (Gegenwart) bedeutet, dass das Geschehen jetzt passiert.	Perfekt (Vergangenheit) bedeutet, dass das Geschehen vergangen ist.
Beispiele:	Ich bin jetzt in der Schule.	Ich bin in der Schule gewesen.

1. Üben Sie den Dialog

A – Wo **bist** du am Sonntag **gewesen**?

Ich **bin** am Sonntag im Museum **gewesen**. – B

Partner A fragt und notiert:
Wo ... am Sonntag ... ? ________________
Wo ... am Dienstagnachmittag ... ? ________________
Wo ... am Mittwoch ... ? ________________
Wo ... am Freitagvormittag ... ? ________________
Wo ... am Freitagabend ... ? ________________
Partner A antwortet auf Fragen von B (S. 156):
am Montagvormittag: beim Arbeitsamt am Montagnachmittag: in der Schule am Dienstagvormittag: beim Zahnarzt am Donnerstag: im Schwimmbad am Samstag: im Park

Wortschatz: Freizeit
Grammatik: Partizip »gewesen«, Präp. »am« (Wh.)
LES/HÖR/SCH

L 19 B: Wo sind Sie gewesen?

	Präsens (Gegenwart) bedeutet, dass das Geschehen jetzt passiert.	Perfekt (Vergangenheit) bedeutet, dass das Geschehen vergangen ist.
Beispiele:	Ich bin jetzt in der Schule.	Ich bin in der Schule gewesen.

1. Üben Sie den Dialog

B: Wo **bist** du am Montagvormittag **gewesen**?

A: Ich **bin** am Montagvormittag beim Arbeitsamt **gewesen**.

Partner B fragt und notiert:
Wo ... am Montagvormittag ... ?
____
Wo ... am Montagnachmittag ... ?
____
Wo ... am Dienstagvormittag ... ?
____
Wo ... am Donnerstag ... ?
____
Wo ... am Samstag ... ?
____

Partner B antwortet auf Fragen von A (S. 155):
am Sonntag: im Museum
am Dienstagnachmittag: in der Schule
am Mittwoch: im Kino
am Freitagvormittag: beim Frisör
am Freitagabend: bei Freunden

Wortschatz: Freizeit
Grammatik: Partizip »gewesen«, Präp. »am« (Wh.)
LES/HÖR/SCH

Ein schönes Wochenende! L 19

Jeden Montag fragt der Lehrer:

Wo sind Sie am Wochenende gewesen?

Latifa: Wir sind mit den Kindern im Schwimmbad gewesen. Nur meine älteste Tochter ist zu Hause geblieben.

Otfried: Ich bin im Museum gewesen.

Maria: Am Samstag bin ich mit Mona im Kino gewesen.

Keebe: Ich bin zu Hause geblieben, weil ich krank war.

Balu: Ich bin mit meiner Frau im Zoo gewesen.

1. Beantworten Sie die Fragen in ganzen Sätzen.

An das Personalpronomen (er, sie, es) denken!

a) Wo ist Otfried gewesen? Er ist im Museum gewesen.

b) Wo ist Balu gewesen? ________________

c) Ist Latifa mit allen Kindern im Schwimmbad gewesen? ________________

____

d) Wer ist krank gewesen? ________________

e) Wo ist Keebe gewesen? ________________

f) Wer ist im Kino gewesen? ________________

g) Wo ist Maria am Sonntag gewesen? ________________

h) Wo sind die Kursteilnehmer jetzt? ________________

2. Und Sie? Wo sind Sie am Wochenende gewesen?

____

____

L 19 Präsens oder Perfekt?

1. Erzählen Sie zu den Bildern.

2. Welcher Satz passt zu welchem Bild?

☐	Ich fahre mit dem Fahrrad.	☐	Ich bin mit dem Fahrrad gefahren.
☐	Ich fahre mit dem Bus.	☐	Ich bin mit dem Bus gefahren.
☐	Ich gehe zur Post.	☐	Ich bin bei der Post gewesen.
☐	Ich bin beim Zahnarzt.	☐	Ich bin beim Zahnarzt gewesen.
☐	Ich fliege nach Paris.	☐	Ich bin nach Paris geflogen.
☐	Ich bin zu Hause.	☐	Ich bin zu Hause gewesen.

Wortschatz: Wh.
Grammatik: Perfekt »sein«
LES

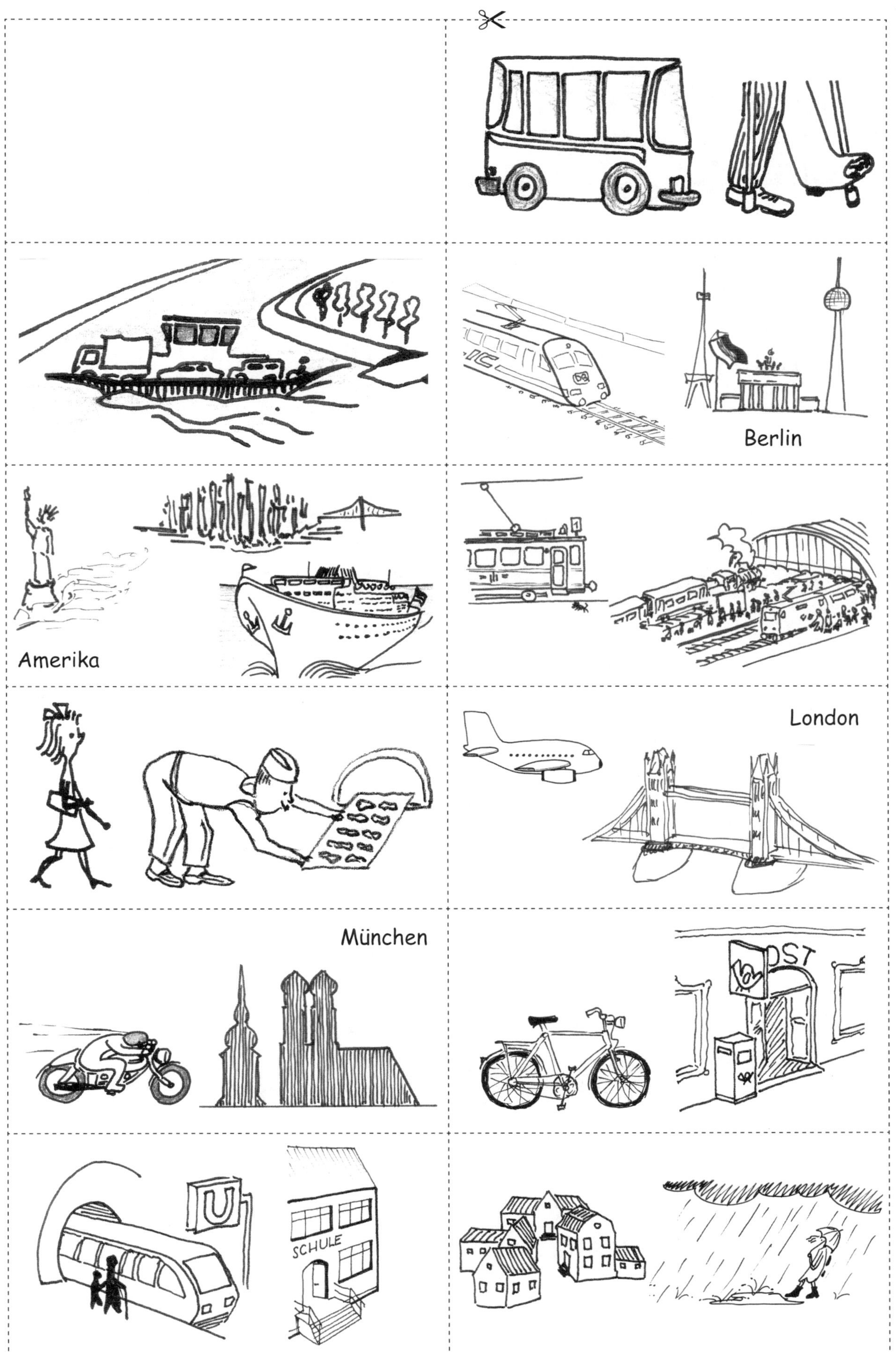

Wortschatz: Verkehrsmittel
Grammatik: Perfekt »sein«, Präpositionen »mit«, »zu«, »nach«

L 19 Wörter würfeln: Perfekt (sein)

Ich bin mit dem Bus zum Arzt gefahren.	
Ich bin mit dem Intercity nach Berlin gefahren.	Ich bin mit der Fähre über den Fluss gefahren.
Ich bin mit der Straßenbahn zum Bahnhof gefahren.	Ich bin mit dem Schiff nach Amerika gefahren.
Ich bin mit dem Flugzeug nach London geflogen.	Ich bin zu Fuß zum Bäcker gegangen.
Ich bin mit dem Fahrrad zur Post gefahren.	Ich bin mit dem Motorrad nach München gefahren.
Ich bin im Regen nach Hause gegangen.	Ich bin mit der U-Bahn zur Schule gefahren.

Womit seid ihr gefahren?

L 19

Nach »mit« steht immer der Dativ (S. 141)!

1. Sehen Sie sich die Verkehrsmittel auf S. 151 noch einmal an. Ergänzen Sie die Sätze. Verwenden Sie dabei die richtige Form von »sein« (S. 143).

Wir sind mit dem Taxi zum Arzt gefahren.

Er _____ ________________ nach Paris ________________.

Sie _____ ________________ zum Bahnhof ________________.

_____ ihr ________________ zur Post ________________?

_____ du ________________ ins Krankenhaus ________________?

Ich _____ ________________ nach Hause ________________.

Die Kinder _____ ________________ zum Sportplatz ________________.

Das Fahrrad ist kaputt. Deshalb _____ David zu Fuß zur Schule ________________.

2. Schreiben Sie das passende Substantiv mit Artikel neben das Bild.

Kinderfahrrad, Herrenfahrrad, Damenfahrrad, Fahrräder, Roller

____

____

____

____

____

L 19 Verben mit »sein« im Perfekt

1. Suchen Sie die Verben in der Wörterliste.
   Schreiben Sie jedes Verb im Infinitiv, in der 3. Pers. Sg. und im Perfekt.

	Infinitiv	3. Pers. Sg.	Perfekt
a 121	aufstehen	Er steht auf.	Er ist aufgestanden.
a 124			
b 117			
e 39			
f 17			
f 61			
g 20			
k 96			
l 16			
r 49			
s 147			
s 221			

An den **Punkt** denken!

2. Hier sind zwei Aussagesätze versteckt.

DAVIDISTZUHAUSEGEBLIEBENERISTKRANKGEWESEN.

____

____

____

Grammatik: Verben mit »sein«
LES
Wörterliste

Lösungen zu 2. siehe Anhang

Marias Tag

L 19

1. Setzen Sie die richtige Form von »sein« ein (S. 143).

Maria erzählt:

Gestern bin ich um 6.00 Uhr aufgestanden. Mein Sohn ____ um 7.00 Uhr aufgewacht. Nach dem Frühstück ____ wir mit dem Bus zum Einkaufen gefahren. Danach ____ wir in den Park gegangen. Auf dem Spielplatz ____ nur wenige Kinder gewesen. Als es anfing zu regnen, ____ wir schnell zur Haltestelle gelaufen. Dabei ____ mein Sohn hingefallen. Zum Glück ____ es nicht schlimm gewesen. Wir ____ dann in den Bus eingestiegen und nach Hause gefahren. Um 16.30 Uhr ____ mein Mann nach Hause gekommen. Er ____ mit meinem Sohn zu Hause geblieben, während ich zum Deutschkurs gegangen ____. Mein Sohn ____ erst eingeschlafen, als ich wieder zu Hause war.

2. Umkreisen Sie die beiden Teile des Perfekts in jedem Satz.

3. Zählen Sie die Sätze im Text. Es sind _____ Sätze.

4. Beantworten Sie die Fragen zum Text.

a) Wer erzählt von seinem Tag? ______________________________

b) Um wie viel Uhr ist ihr Sohn aufgewacht? ______________________

c) Ist sie mit dem Auto gefahren? ____________________________

d) Wo ist ihr Sohn hingefallen? ______________________________

e) Wer ist um 16.30 Uhr nach Hause gekommen? ________________

f) Wohin ist Maria am Nachmittag gegangen? ____________________

Lösungen zu 1. siehe Anhang

L 19 Wortfamilie »fahren«

Auf die **Großschreibung** achten!

1. Setzen Sie den Wortstamm **fahr** ein.

______en	das ______rad	die Aus______t
weg______en	die ______karte	die Ein______t
an______en	der ______er	die Vor______t
ab______en	die ______schule	die Zug______t
über______en	die ______bahn	die Ge______
Rad ______en	das ______geld	die Ab______t

2. Was ist das? Schreiben Sie die Wörter aus Nr. 1 zu dem passenden Bild.

1 ______________________________

2 ______________________________

3 ______________________________

4 ______________________________

5 ______________________________

6 ______________________________

7 ______________________________

8 ______________________________

9 ______________________________

10 ______________________________

11 ______________________________

12 ______________________________

Lösungen zu 2. siehe Anhang

Ohne!

L 19

Manchmal wird der **lange Vokal** durch ein »**-h**« gekennzeichnet (Dehnungs-h).

1. Welches Bild passt zum Satz?

Wir frühstücken gleich. Ein Stuhl fehlt noch. ⬡
Ich möchte einen Becher Kaffee ohne Milch. ⬡
Ich nehme den Tee mit Zucker. ⬡
Ich brauche einen Löffel zum Umrühren. ⬡
Es ist sehr heiß. Ich möchte das Wasser mit Eis. ⬡
Ich möchte das Eis mit Sahne. ⬡
Mein Sohn möchte es ohne Sahne. ⬡
Ich habe eine Jacke ohne Kapuze gekauft. ⬡
Um 7.00 Uhr ist immer viel Verkehr! ⬡
Fahrt ihr morgen früh mit der Straßenbahn? ⬡

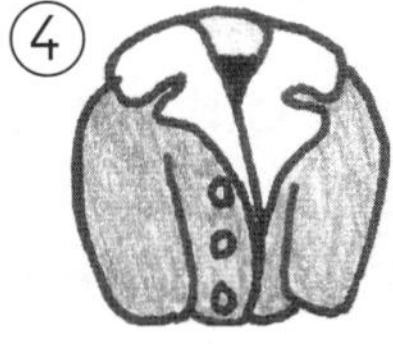

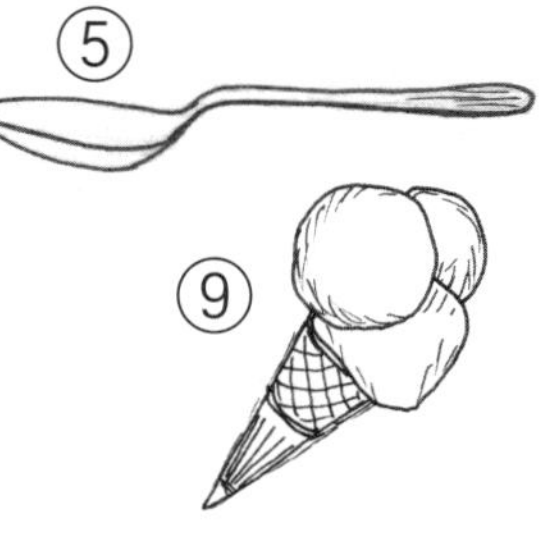

⑧

2. Lernwörter: Wörter mit Dehnungs-h.

a) Suchen Sie die 17 Wörter mit Dehnungs-h aus den obigen Sätzen.

____

____

____

____

b) Schreiben Sie noch andere Wörter mit Dehnungs-h (Wörterliste).

____

3. Und Sie? Trinken Sie Ihren Kaffee/Tee mit oder ohne Milch?

____

____

L 19 Paar oder paar?

der Schneemann, der Teebeutel, die Haarfarbe, der Schneeball, der Seehund, die Teetasse, die Kaffeekanne, das Ruderboot, die Kaffeedose, der Zooeingang, die Seefahrt, die Haarschere, die Teekanne, die Zootiere, das Segelboot, die Haarbürste, der Schneeanzug, der Kaffeelöffel, der Seemann, die Zoohandlung, der Bootsverleih

1. Schreiben Sie zu jedem Wort die drei verwandten Wörter aus dem Kasten.

das Haar	die Haarfarbe		
der Kaffee			
der Tee			
der Schnee			
die See			
das Boot			
der Zoo			

das/ein Paar	= zwei zusammengehörende Personen oder Dinge	ein paar	= einige wenige Personen oder Dinge
Beispiele:	Die beiden sind ein Paar. Ich brauche ein neues Paar Schuhe.		Draußen spielen nur ein paar Kinder. Ich nehme ein paar Äpfel mit.

2. Was ist richtig: »ein Paar« oder »ein paar«?

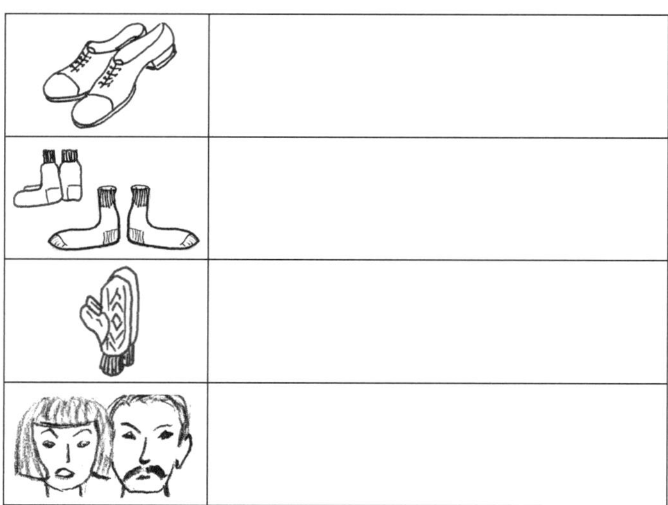

Was ist was?

L 19

Der Artikel richtet sich nach dem Grundwort!

1. Schreiben Sie das passende Substantiv mit Artikel zum Bild.

Manteltasche	Taschenlampe	Hosentasche	Kleiderschrank
~~Handtasche~~	Taschenmesser	Hosenbein	Kleiderbügel
Aktentasche	Taschenbuch	Stuhlbein	Schranktür
Jackentasche	Taschentuch	Hosenträger	Haustür

 die Handtasche	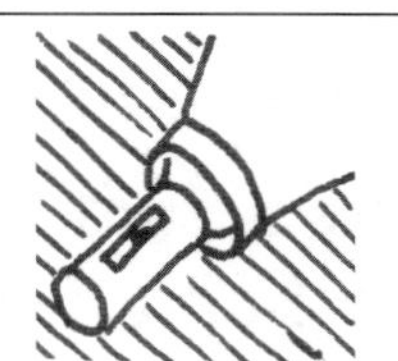	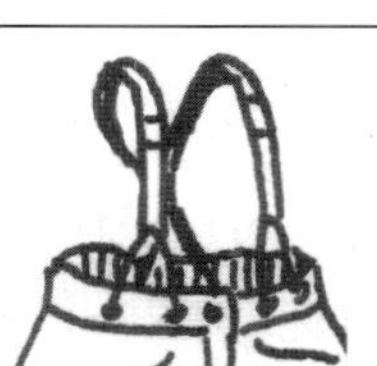 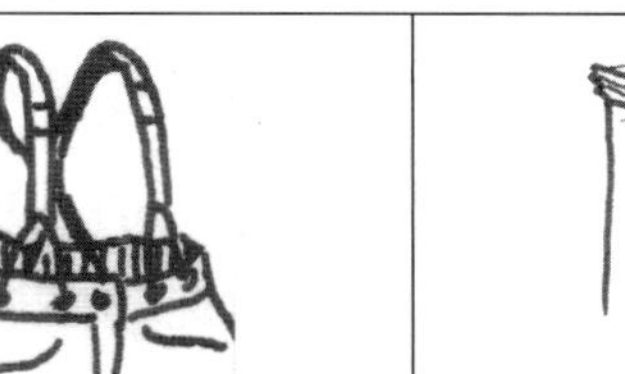	
			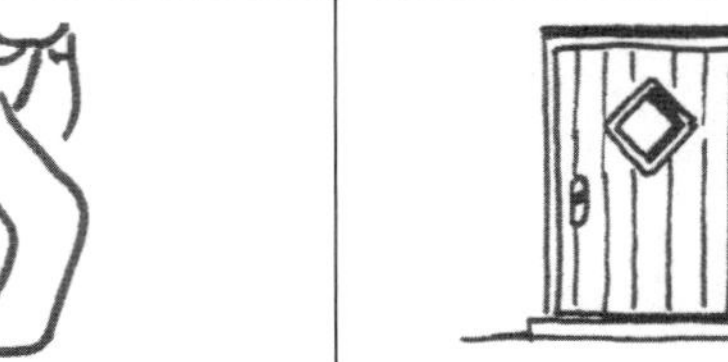

2. Hier sind eine Frage und eine Antwort versteckt.

An das Fragezeichen und den Punkt denken!

WOHASTDUMEINTASCHENMESSERHINGELEGTESLIEGTAUFDEMTISCH

L 19 So eine Aufregung!

1. Hier stimmt was nicht!

So eine Aufregung!

⬡ Ich habe die Sandalen bezahlt.

⬡ Zu Hause hat meine Tochter geweint.

⬡ Meine Tochter und ich sind nach der Schule in die Stadt gefahren, weil ihre Sandalen vom letzten Jahr zu klein waren.

⬡ Zuerst sind wir in das Kaufhaus »BILLIG« gegangen. Dort hat die linke Sandale nicht gepasst.

⬡ Dann sind wir ohne ein Paar neue Sandalen nach Hause gefahren.

⬡ Wir sind dann noch in einem anderen Schuhgeschäft gewesen. Aber dort hat ihr kein einziges Paar Sandalen gefallen.

a) Ein Satz passt nicht zur Geschichte. Schreiben Sie ihn ab.

____

____

b) Notieren Sie die richtige Reihenfolge.

2. Was ist richtig? Kreuzen Sie an.

Die Tochter hat neue Sandalen gebraucht,
- ☐ weil ihre alten Sandalen kaputt waren.
- ☐ weil ihre alten Sandalen zu klein waren.
- ☐ weil sie Geburtstag hat.

Sie sind
- ☐ in zwei Geschäften gewesen.
- ☐ in drei Geschäften gewesen.
- ☐ in einem Geschäft gewesen.

Sie sind in ein anderes Geschäft gegangen,
- ☐ weil der Tochter die Sandalen nicht gefallen haben.
- ☐ weil die rechte Sandale nicht gepasst hat.
- ☐ weil die linke Sandale nicht gepasst hat.

Die Tochter hat geweint,
- ☐ weil sie in der Stadt kein Eis gegessen haben.
- ☐ weil sie keine neuen Hausschuhe bekommen hat.
- ☐ weil sie keine neuen Sandalen bekommen hat.

Wortschatz: Wh.
LES und WAH/SCH

Was ist richtig?

L 19

a) Latifa	☐ gehe ☐ gehen ☐ geht ☐ gehst		zur Post.
b) Ali hat	☐ eine ☐ ein ☐ einen ☐ einem		Computer gekauft.
c) Der Bus fährt		☐ zum Kino. ☐ zum Schule. ☐ zur Schule. ☐ zum Bahnhof.	
d) Ich bin	☐ beim Zahnarzt ☐ zum Zahnarzt ☐ im Kino ☐ zum Kino		gewesen.
e) Ich habe die Suppe	☐ mit einem Löffel ☐ mit einem Messer ☐ mit einer Gabel ☐ mit den Fingern		gegessen.
f)	☐ In der Tasche ☐ In dem Telefon ☐ Unter dem Baum ☐ In dem Treppenhaus		ist das Fahrrad.
g) Ich	☐ fährt ☐ fahren ☐ fahre ☐ fährst		mit der Straßenbahn.

L 19 Rund ums Wochenende

Was fällt Ihnen zu dem Thema »Wochenende« ein?

Wochenende

Einladung

L 20

Schulkonzert
für Schüler und Eltern

Konzertabend des Schulorchesters

Am Sonntag, 29. Oktober 2009
um 18.30 Uhr
in der Aula der Schule „Ohmoor"

Eintritt: Schüler 0,50 €, Erwachsene 1,00 €

David hat diese Einladung aus der Schule mitgebracht.
Die Eltern überlegen, ob sie hingehen sollen. Sie haben viele Fragen.

a) Wer ist zu dem Konzert eingeladen?

____

b) An welchem Datum findet es statt? ____________________

c) Was ist das für ein Wochentag? ____________________

d) Wann beginnt das Konzert? ____________________

e) Wo findet das Konzert statt?

____

f) Ist das Konzert kostenlos? ____________________

g) Was kostet der Eintritt?

____

h) Was ist ein Schulorchester?

____

____

____

L 20 Ein neues Kleid

1. Lesen Sie den Dialog.

Davids Eltern wollen in das Konzert gehen. Dafür braucht die Mutter ein neues Kleid. Sie will es im Kaufhaus kaufen.

Verkäuferin: „Guten Tag! Was wünschen Sie?“

Kundin: „Guten Tag! Ich brauche ein langes Kleid.“

Verkäuferin: „Welche Größe haben Sie?“

Kundin: „Ich habe Größe 42.“

Verkäuferin: „Haben Sie einen besonderen Farbwunsch?“

Kundin: „Ja, das Kleid soll einfarbig sein.
Rot wäre schön.“

Verkäuferin: „Ein langes, rotes Kleid haben wir nicht.
Aber hier ist ein sehr schönes, kurzes, rotes Kleid.“

Kundin: „Das gefällt mir nicht.
Es soll ein langes Kleid sein.“

Verkäuferin: „Wie gefällt Ihnen dieses lange, schwarze Kleid mit dem weißen Kragen? Sie können ja dazu ein rotes Tuch umbinden.“

Kundin: „Das gefällt mir. Ich probiere es einmal an.“

Verkäuferin: „Das Kleid steht Ihnen aber gut!“

Kundin: „Was soll es denn kosten?“

Verkäuferin: „Es kostet 135,- €.“

Kundin: „Das ist viel Geld! Aber das Kleid passt mir so gut.
Ich nehme es.“

Verkäuferin: „Gut, dann bringe ich es Ihnen zur Kasse.“

Kundin: „Vielen Dank! Auf Wiedersehen!“

Übungen zum Dialog L 20

2. Beantworten Sie folgende Fragen.

a) Wo kauft Davids Mutter ein? ______________________

b) Mit wem spricht Davids Mutter? ______________________

c) Was möchte Davids Mutter kaufen? ______________________

d) Welche Farbe soll es haben? ______________________

____

e) Wie soll es genau aussehen?

____

f) Welche Größe muss das Kleid haben? ______________________

g) Probiert sie ein rotes Kleid an? ______________________

h) Wie sieht das Kleid aus, das sie anprobiert?

____

i) Findet Davids Mutter das Kleid billig? ______________________

j) Warum kauft Davids Mutter kein rotes Kleid?

____

____

3. Unterstreichen Sie im Dialog die Fragesätze. Schreiben Sie sie ab.

____

____

____

____

____

____

____

L 20 Das Adjektiv

Das Adjektiv (Eigenschaftswort) ist ein Wort, das beschreibt, wie etwas ist.
Die meisten Adjektive kann man steigern (schön, schöner, am schönsten).
Adjektive schreibt man klein.
Wenn ein Adjektiv vor einem Substantiv steht, wird es dekliniert.

ein/eine/ein + Adjektiv + Substantiv — der/die/das + Adjektiv + Substantiv

Beispiele (Akk.):	ein/eine/ein + Adjektiv + Substantiv	der/die/das + Adjektiv + Substantiv
	Ich brauche einen neuen Mantel.	Ich nehme den neuen Mantel.
	Ich brauche eine neue Jacke.	Ich nehme die neue Jacke.
	Ich brauche ein neues Kleid.	Ich nehme das neue Kleid.

1. Unterstreichen Sie in jedem Satz die Adjektive und notieren Sie sie.

Satz	Adjektive
Ich habe ein langes Kleid gekauft.	lang
Hast du meinen schönen Ring gefunden?	
Hast du meine bunte Jacke gewaschen?	
Meine neue Waschmaschine ist kaputt.	
Mein dicker Pullover ist dreckig.	
Hast du dein altes Auto verkauft?	
Das gelbe Dreirad war billig.	
Wir haben ein gutes Spiel gespielt.	
Ich habe meinem kranken Sohn vorgelesen.	
Die kurze Hose hat ein großes Loch.	

2. Lernwörter: lang, ein langes Kleid, krank, der kranke Sohn, gut, das gute Spiel, bunt, eine bunte Jacke und ...

Groß oder klein?

L 20

1. Hier ist alles klein geschrieben.
   Verbessern Sie die Sätze.

Satzanfang und Substantiv **groß** schreiben!

a) die frau muss zum hautarzt.

b) sie muss mit dem bus fahren, weil ihr altes auto kaputt ist.

c) viele personen fahren in die stadt. es ist kein sitzplatz frei.

d) heute scheint die sonne. es ist sehr heiß. sie bekommt kopfschmerzen. deshalb kauft sie sich ein wasser und ein großes eis ohne sahne.

2. Schreiben Sie die 12 Substantive mit Artikel (Wörterliste) heraus.

L 20 Die Satzzeichen

Der Punkt (.), das Fragezeichen (?) und das Ausrufezeichen (!) stehen am Ende der jeweiligen Satzart.

	Aussagesatz	Fragesatz	Aufforderungssatz
Beispiele:	Das Buch ist spannend.	Hast du die Fahrkarten?	Hör doch zu!

Das Komma (,) und der Doppelpunkt (:) gliedern Sätze.

	Komma	Doppelpunkt
Beispiele:	Ich gehe zur Schule, weil ich Deutsch lernen möchte.	Familienname: Weber
	Ich brauche ein neues, langes Kleid.	Vorname: Jutta
	Er sagte, dass er morgen kommt.	Er sagte: „Wir kommen morgen.“

Die Anführungszeichen („...") kennzeichnen die wörtliche Rede.

Beispiele: Sie fragte: „Wie geht es dir?“ Er antwortete: „Mir geht es gut.“

Setzen Sie die richtigen Satzzeichen.

a) Die Verkäuferin fragt „Was wünschen Sie?“

b) Die Frau antwortet „Ich brauche ein neues, langes Kleid.“

c) Hat die Frau auch noch einen Mantel gekauft

d) Warum braucht sie ein neues Kleid

e) Sie wollen in ein Konzert gehen

f) Sie haben eine Einladung bekommen

g) Es findet in der Aula statt

h) Was kostet der Eintritt

i) Die Frau fragt: Was soll es kosten?

j) Wo ist meine Brille

k) Sie ist in deiner Tasche

l) Sie kauft ein schwarzes langes Kleid.

m) Sie kauft ein Kleid weil sie in ein Konzert gehen will.

Sätze puzzeln

L 20

Schneiden Sie die Satzglieder aus und bilden Sie Sätze.

				!
Die Frau	geht	immer	in die Schule	•
Was	fährt	ihr	mit der Straßenbahn	?
Die Kinder	geht	Sie	auf dem Spielplatz	•
Ali	ist	zur Schule	morgen Abend	•
Der alte Mann	haben	der Kühlschrank	Schmerzen	•
Wir	spielen	ein	in den Bus	•
Mein Sohn	fahren	ein	im Supermarkt	•
Wo	kostet	zum Bahnhof	mit dem Fahrrad	?
Sie	steigt	Selma	von Beruf	•
Hast	kauft	gesehen	meine Armbanduhr	?
Wo	du	Verkäuferin	gewesen	?
Wohin	schneidest	du	die Haare	?
Wann	du	du	Wie viele Gläser	?
Woher	bist	Sie	auf dem Tisch	?
stehen	kommen	Fragen	Sie	?

Sätze mit Perfekt bilden

L 20

Bilden Sie aus den Satzgliedern Aussage- und Fragesätze.

heute wir gefahren mit dem Taxi zum Augenarzt sind
hat gestern Abend mein Mann den Kühlschrank repariert
habt wo ihr im letzten Jahr Urlaub gemacht
seid Ihr am Wochenende geblieben warum zu Hause
habe am Sonntag gebacken einen Kuchen ich

L 20 »haben« oder »sein«

Das Perfekt mit »sein« wird bei Verben der Veränderung und der Bewegung verwendet.

	Verben der Veränderung	Verben der Bewegung
Beispiele:	Peter ist in den Zug eingestiegen. Er ist im Zug eingeschlafen. Er ist bald aufgewacht.	Er ist nach Hause gegangen. Das Kind ist hingefallen. Sie sind nach Australien geflogen.

Ausnahmen: sein (ist gewesen), bleiben (ist geblieben)

1. Setzen Sie die richtige Verform von »haben« oder »sein« ein.

Was hat Familie Jafari am Wochenende gemacht?

a) Ali _______ am Samstag im Supermarkt eingekauft.
b) Latifa _______ mit den Kindern in die Stadt gefahren.
c) Sie _______ einen neuen Computer gekauft.
d) Danach _______ sie in die Bücherhalle gegangen.
e) Die Kinder _______ 3 Bücher ausgeliehen.
f) Um 14.00 Uhr _______ sie Ali im Cafe getroffen und ein Eis gegessen.
g) Ali _______ noch einen Kaffee getrunken.
h) Dann _______ sie mit dem Schiff nach Hause gefahren.
i) Am Ende fing es leider an zu regnen. Alle _______ nass geworden und _______ sich furchtbar erkältet.

2. Und Sie? Was haben Sie am Wochenende gemacht?

___

___

___

___

___

___

Wortschatz: Wh.
Grammatik: Perfekt
LES und SCH

Lösungen siehe Anhang

Gestern, heute, morgen

L 20

Perfekt	Präsens
Er sagt: „Gestern bin ich beim Elternabend gewesen."	Er sagt: „Heute Nachmittag gehe ich zur Schule."

1. Erzählen Sie, was Balu gemacht hat (Perfekt) und was er noch vorhat (Präsens).

2. Kreuzen Sie an, was richtig ist. Achten Sie auf die Zeit!
   - ☐ Am Montag geht Balu zum Arbeitsamt.
   - ☐ Am Montag ist Balu beim Arbeitsamt gewesen.
   - ☐ Am Dienstag geht er zur Schule.
   - ☐ Vorgestern ist er zur Schule gegangen.
   - ☐ Heute geht er auch zur Schule.
   - ☐ Gestern ist er beim Elternabend gewesen.
   - ☐ Am Mittwoch geht er zum Elternabend.
   - ☐ Morgen kauft er ein.
   - ☐ Am Freitag hat er eingekauft.
   - ☐ Am Samstag hat er Fußball gespielt.
   - ☐ Übermorgen geht er zum Fußball.

3. Wohin geht Balu am Sonntag?

   ____

4. Und Sie? Was machen Sie am nächsten Sonntag?

   ____

   ____

Wortschatz: gestern, heute, morgen
Grammatik: Perfekt
LES

Lösungen zu 2. siehe Anhang

L 20 Ein schöner Urlaub!

Familie Lauf ist in den Ferien an der Ostsee gewesen.
Erzählen Sie, was die Familie dort gemacht hat.

Wortschatz: Wh.
Grammatik: Perfekt

Stimmt das? L 20

1. Wenn der Satz zu einem Bild passt, notieren Sie die Bildnummer.
   - ☐ Familie Lauf ist mit dem Zug an die Ostsee gefahren.
   - ☐ Familie Lauf ist mit dem Auto an die Ostsee gefahren.
   - ☐ Die Kinder haben morgens lange geschlafen.
   - ☐ Sie sind fast die ganze Zeit in der Wohnung geblieben.
   - ☐ Sie sind häufig am Strand gewesen.
   - ☐ Die Kinder haben nicht gebadet.
   - ☐ Die Kinder sind viel geschwommen.
   - ☐ Es hat fast nur geregnet.
   - ☐ Die Tochter hat sich oft gesonnt.
   - ☐ Frau Lauf hat zwei Bücher gelesen.
   - ☐ Frau Lauf ist viel am Strand spazieren gegangen.
   - ☐ Herr Lauf hat viel fotografiert.
   - ☐ Herr Lauf hat mit den Kindern Fußball gespielt.
   - ☐ Herr Lauf hat auch Tischtennis gespielt.
   - ☐ Das Ehepaar Lauf ist einmal im Kino gewesen.
   - ☐ Die Familie hat einen Fahrradausflug nach Stralsund gemacht.
   - ☐ Die Tochter ist zwei Tage krank gewesen.
   - ☐ Sie haben fast jeden Tag ein Eis gegessen.

2. In der Schule erzählt die Tochter von ihren Ferien. Sie sagt:

   „Ich bin mit meiner Familie an die Ostsee gefahren.

   Mein Vater hat ______________________________

   ____

   ____

   ____

   ____

   ______________________________."

Wortschatz: Wh.
Grammatik: Perfekt (Wh.)
LES und SCH

L 20 Eine Postkarte aus dem Urlaub

1. Frau Lauf schreibt ihrer Nachbarin eine Postkarte aus dem Urlaub.
   Es fehlt noch die Adresse. Helfen Sie Frau Lauf beim Ausfüllen!
   Frau Schmidt wohnt im Waldweg 27, 22478 Hamburg.

5. 8. 2009

Liebe Frau Schmidt,
hier ist sehr schönes
Wetter. Wir baden
viel in der Ostsee.
Zu Hause werde ich
Ihnen mehr erzählen.
Herzliche Grüße
Maria Lauf

____

____

____

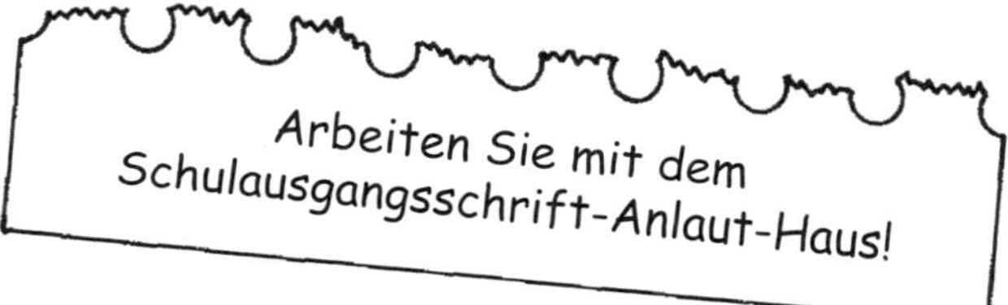

2. Lesen Sie, was Frau Lauf geschrieben hat. Schreiben Sie den Text in Druckschrift.

Liebe Frau Schmidt,

____

hier ist sehr schönes Wetter.

____

Wir baden viel in der Ostsee.

____

Zu Hause werde ich Ihnen mehr erzählen.

____

Herzliche Grüße

____

Die Schulausgangsschrift L 20

A,a B,b C,c D,d E,e F,f G,g H,h I,i
J,j K,k L,l M,m N,n O,o P,p Q,q R,r
S,s,ß T,t U,u V,v W,w X,x Y,y Z,z

Viele Buchstaben der Schulausgangsschrift sind ähnlich. Einige sehen jedoch ganz anders aus. Arbeiten Sie mit dem Schulausgangsschrift-Anlaut-Haus.

1. Was passt zusammen?

M		H
N		R
H		B
S		T
B		N
R		M
T		S

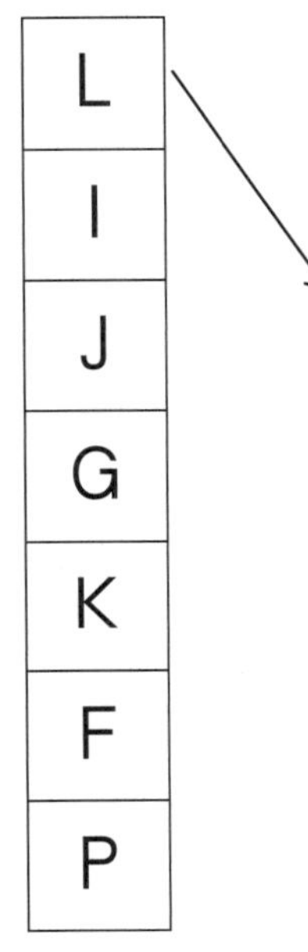

L		G
I		F
J		P
G		I
K		L
F		J
P		K

2. Was passt zusammen?

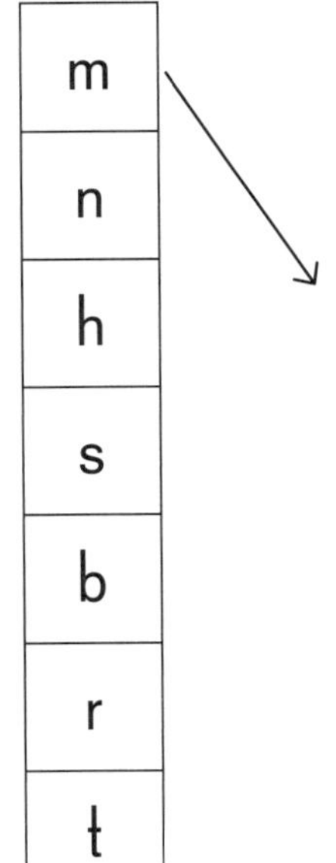

m		h
n		r
h		b
s		t
b		n
r		m
t		s

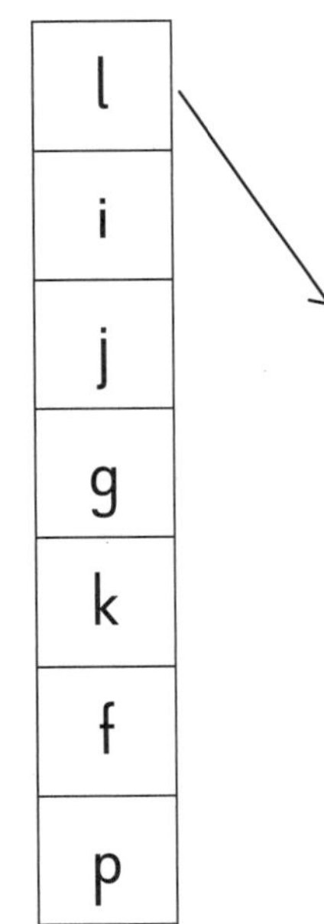

l		g
i		f
j		p
g		i
k		l
f		j
p		k

L 20 Schulausgangsschrift lesen

1. Verbinden Sie die gleichen Fragewörter.

Was	Wo	Wer	Wohin	Woher	Warum	Wie viele
Wohin	Wie viele	Was	Wo	Warum	Woher	Wer

2. Welche Antwort passt?

Wo wohnen Sie?	Nein, ich bleibe zu Hause.
Wohin fahren Sie?	Nein, ich komme aus China.
Wann beginnt die Schule?	Ja, aber ein altes.
Was essen Sie gerne?	Ich fahre zur Schule.
Gehen Sie heute ins Kino?	Ich wohne in Hamburg.
Haben Sie ein Auto?	Ich esse gerne Pizza.
Kommen Sie aus dem Iran?	Um 16.00 Uhr.

3. Welche Antwort passt?

Woher kommen Sie?	Ja, gerne. Was denn?
Wie viel kostet das?	Wir haben keine Zeit.
Bringst du mir etwas mit?	Nein.
Wo ist mein Geld?	Ich komme aus der Türkei.
Kommst du mit?	Ja, ich lache gerne.
Geht ihr zum Elternabend?	Es kostet 156 €.
Warum nicht?	Auf der Fensterbank.
Lachen Sie viel?	Vielleicht.

4. Und Sie? Haben Sie alles lesen können?

SAS - Schnupperkurs

L 20

Erst nachmalen, dann schreiben.

e i

e

i

ein ein

nein nein

mein mein

R r

R

r

Er, er Er, er

T t

T, t, T,

t mit

Tier Tier

SAS - Schnupperkurs

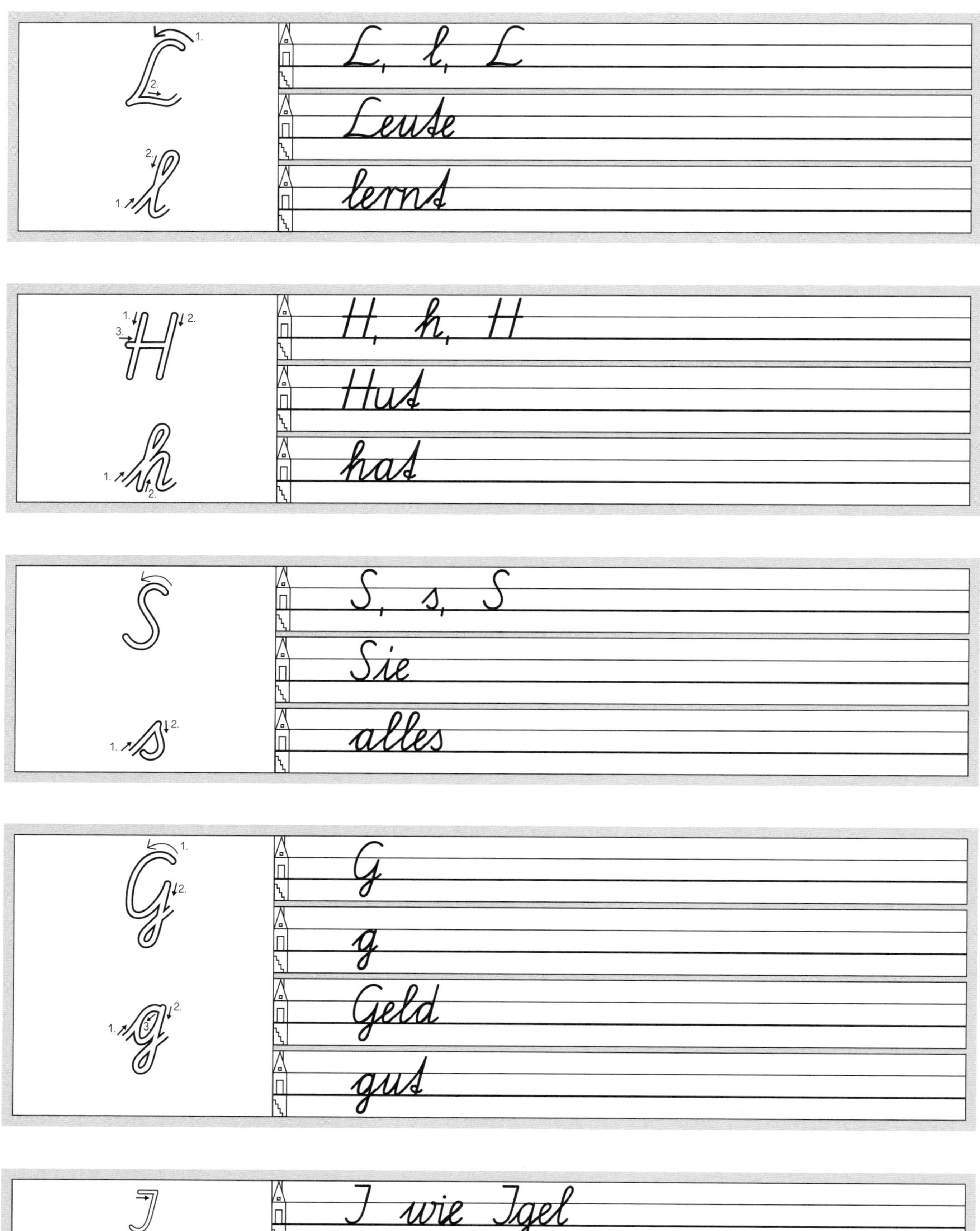

SAS - Schnupperkurs

L 20

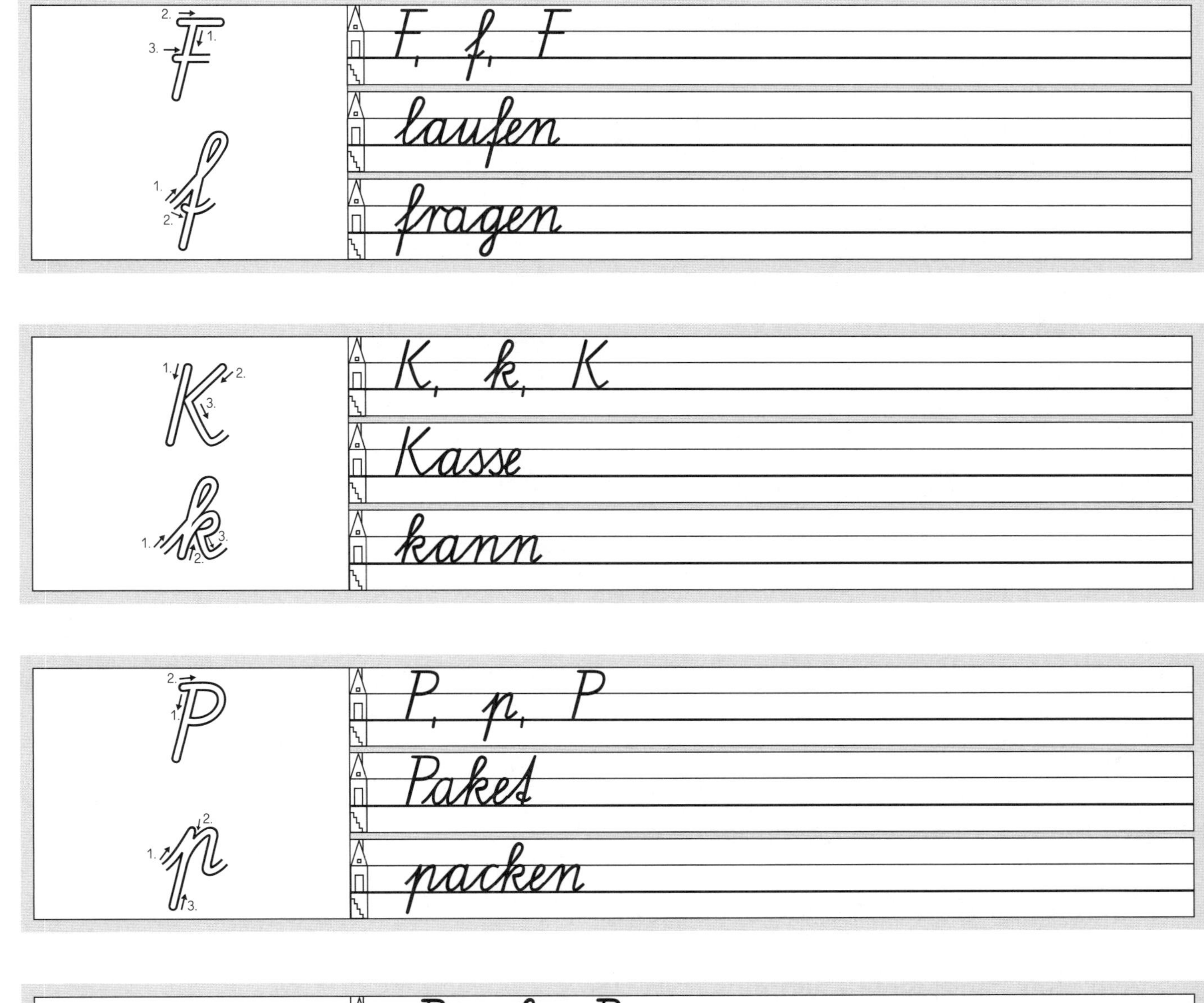

B, b, B

Bett

bitte

J, j, J

ja, ja

Grüße aus Berlin

15. 10. 2009

Lieber Keebe,
ich bin seit einem Monat in Berlin. Mir geht es ganz gut. Ich habe eine kleine Wohnung und arbeite als Schneider.
Wie geht es dir?
Herzliche Grüße
Dein Magnus

An
Keebe Dabo
Paul-Sorge-Straße 9a
Hamburg

Arbeiten Sie mit dem Schulausgangsschrift-Anlaut-Haus!

Beantworten Sie die Fragen.

a) Wer hat die Postkarte geschrieben? ____________________

b) Wann hat er die Postkarte geschrieben? ____________________

c) In welcher Stadt wohnt Magnus? ____________________

d) Hat Magnus eine Arbeit? ____________________

e) Was für einen Beruf hat er?

____

f) Seit wann ist er in Berlin? ____________________

g) In welcher Stadt wohnt Keebe? ____________________

h) Wie heißt Keebe mit Nachnamen? ____________________

i) Was hat Magnus bei der Adresse vergessen?

____

Wortschatz: Adresse (Wh.)
Schulausgangsschrift (SAS)
LES und SCH

Seite 9:
Ameise, Banane, Computer, Dose, Elefant, Flugzeug, Gabel, Haus, Igel, Jacke, Kasse, Lampe, Messer, Nase, Ofen, Paket, Quark, Regen, Sonne, Tisch, Uhr, Vogel, Wasser, Xylofon, Yak, Zange

Seite 12:
1. Treppe, Haus, Regen, Schere, Ente
2. Gabel, Vogel, Igel, Eis, Apfel, Ofen, Messer – Wasser, Kasse, Uhr, Euro, Unterwäsche
3. die Eule, der Pfeil, der Spiegel, das Überholverbot, der Knochen, das Prozent, der Stuhl

Seite 15:
1. die Schere, die Flasche, die Lampe, die Tür, die Brille, das Haus, das Glas, das Buch, das Fenster
2. Substantive:
   Mutter, Kind, Tabelle, Apfel, Banane, Frau, Tag, Peter, Buchstabe, Wort, Ameise, Tisch

Seite 18:
Afghanistan, Brasilien, China, Deutschland, England, Finnland, Ghana, Iran, Libanon, Österreich, Peru, Rumänien, Syrien, Türkei, Ungarn

Seite 24:
1. Ich komme aus der Türkei.
2. Ich komme aus Deutschland.
3. Herr Dabo kommt aus Afrika. Frau Jafari kommt aus dem Iran.

Seite 25:

ich komme	wir kommen
du kommst	ihr kommt
er kommt	sie kommen
ich wohne	wir wohnen
er wohnt	ihr wohnt
du wohnst	sie wohnen
wir fragen	du fragst
es fragt	ihr fragt
er fragt	ich frage

Seite 26 (von oben nach unten):
Was schreibst du? Ich schreibe ein A. Sie schreiben. Er schreibt. Sie schreibt. Es schreibt.
Wohin geht ihr? Wir gehen nach Hause. Ich gehe zur Schule. Sie gehen zur Arbeit.

Seite 32 (von oben nach unten):
heiße, komme, kommt, heißt, wohnen, haben, gehen, arbeite

Seite 33:
a) Ich komme aus Frankreich. b) Ich heiße Peter.
c) Er wohnt in München. d) Sie heißt Annette Matthes.
e) Ich trinke gerne Apfelsaft. f) Gute Nacht.

Seite 36
der Verkäufer – die Verkäuferin, der Maler – die Malerin, der Kassierer – die Kassiererin, der Taxifahrer – die Taxifahrerin, der Kellner – die Kellnerin, der Krankenpfleger – die Krankenschwester, der Sekretär – die Sekretärin, der Briefträger – die Briefträgerin, der Bäcker – die Bäckerin.

Seite 37 (von oben nach unten):
1. Ich bin Lehrerin. Du bist Bäcker. Er ist Busfahrer. Sie ist Hausfrau. Wir sind Bauarbeiter. Ihr seid Schüler. Sie sind Köche.
2. Briefträgerin

Seite 38:
2. Mona ist arbeitslos. Mona ist Verkäuferin. Monas Mann ist Autoverkäufer. Monas Mann ist arbeitslos. Keebe ist Koch. Der Lehrer kommt später. Der Lehrer hat verschlafen.

Seite 45:
1. Kind - Wind - sind, Hund - Mund - und - rund, Hand - Land - Wand - Sand - Rand
2. Hand, Hände, Kind, Kinder, Hund, Hunde, Rad, Räder
4. (von oben nach unten): Deutschland, sind, Sand, Mund, Hände, rund, Wand

Seite 46:
2. das Flugzeug, die Flugzeuge, der Montag, die Tage, die Ringe, der Ring, die Geschenke

Seite 47:
2. a) verkaufe b) verschlafen c) schlafen d) laufen e) verlaufen f) verreise, reisen

Seite 49:
2. a) die Pizza b) der Buggy

Seite 51:

1. (von oben nach unten): Das sind zwei kleine Vögel. Er hat einen Hund. Die Kinder spielen Fußball. Das ist eine Wohnung mit vier Zimmern. Das ist eine Kellnerin. Die Frau hat zwei Kinder. Die Frau hat eine Tochter und einen Sohn. Das ist eine Verkäuferin. Die Frau verkauft Kleider.
2. 21 Verben

Seite 54:

2. Ich habe einen Computer und einen Fernseher.

Seite 55:

1. (von oben nach unten): haben, haben, hat, hat, haben, haben, haben, haben, habe, hat, Hast

Seite 56.

1. (von oben nach unten): ... keinen Ball. ... einen Teddy. ... keine Puppe. ... kein Handy. ... einen Hund.

Seite 59:

a) Sie kostet 27 €. b) Sie ... 69 €. c) Er ... 78 €.
d) Es ... 20 €. e) Er ... 4 €. f) Er ... 4 €.
g) Sie kosten 22 €.

Seite 60.

2. Ich habe ein Messer. Du hast kein Messer.

Seite 61:

5. der Kuchenteller, die Kuchengabel, das Obstmesser, das Brotmesser, die Teekanne, die Zuckerdose, der Teelöffel

Seite 62:

3. (linke Spalte) 3. Bild, 6. Bild, 2. Bild (rechte Spalte) 1. Bild, 5. Bild, 4. Bild

Seite 63:

6. Ali geht zur Schule. Er kauft ein Eis.

Seite 65:

2. (von oben nach unten): hat, wünscht, bin, essen, trinke, schläft, schiebe, fahren, bauen, spielt, haben, kauft

Seite 67:

3. a) Ich komme aus dem Iran. b) Ich wohne in Hamburg. c) Ich habe drei Kinder. d) Ich bin Busfahrer. e) Herr Fischer f) Ich fahre zur Schule. g) Sie hat ein Fahrrad gekauft.

Seite 68:

Wo wohnen Sie? Wer hat einen Computer?

Seite 69:

1. a) der Geburtstag, das Geschenk, die Schleife, der Tag
   b) kaufen, schenken, verkaufen, verschenken, wünschen
   c) das Cafe, das Geschäft, das Haus, das Restaurant, die Schule, die Wohnung
2. a) das Restaurant b) das Geschenk

Seite 77:

1. (von oben nach unten): im Obstgeschäft, beim Bäcker, im Fischgeschäft, auf dem Markt
3. a) die Milch b) der Supermarkt

Seite 80:

2. wohnen, haben, holen, fliegen, schieben, ziehen, liegen, bezahlen, vergessen, reißen

Seite 83:

1. essen 2. backen 3. gehen 4. verkaufen 5. lernen
6. fliegen 7. geben 8. ziehen 9. fahren
Lösungswort: schreiben

Seite 88:

1. a) Der Vater deckt den Tisch. b) ... sitzt ... c) ... liegt .... d) ... bäckt ... e) ... steht ...
2. drei Präpositionen: an, auf, in

Seite 89:

Auf dem Stuhl sind viele Hefte. Der Hund ist vor der Hundehütte. Latifa ist in der Schule. Anna ist vor dem Schreibwarenladen. Sie sitzen am Tisch. Die Uhr steht neben dem Bett. Die Kassiererin sitzt an der Kasse.

Seite 100:

2. fünf Fragen, zwei Fragewörter: was, wann
   Ergänzungsfragen: Hast du heute etwas vor? , Hast du danach Zeit?, Kommst du mit?

Seite 104:
Kommt Herr Dabo aus Amerika? Hast du Kinder?

Seite 108:
1. Die Maus ist vor dem Zaun. Es ist Viertel vor acht. Im Garten ist kein Mensch. Ali steht vor Latifa. Anna steht vor dem Auto.

Seite 109:
2. Wann kommst du nach Hause? Wo ist meine Uhr? Hast du meine Uhr? Bringst du mir eine Flasche Orangensaft mit? Brauchst du Geld?

Seite 111:
2. Meine Mama ist weg. Ich bin ganz allein. Ich heiße Till. Ich wohne in der Bahnhofsstraße 9.

Seite 112:
1. Hast, Haben, Kommen, Kommst, sind, bist
2. a) Er, Er b) Es, Es c) Er d) Sie e) Ich, Ich f) Es, ihr g) Er h) Sie i) Er j) Sie k) er l) Sie

Seite 113
2. Die Patientin ist beim Zahnarzt. Sie hat seit gestern Schmerzen. Sie hat Zahnschmerzen.
3. Trennbare Verben: nachsehen, herausfallen

Seite 117:
1. (der Reihe nach): Um, im, am, um, am, im, im, am, um
2. Der Montag ist ein Wochentag. Der Sommer ist eine Jahreszeit. Im November regnet es viel. Im Mai scheint oft die Sonne. Im Sommer ist es warm. Im Winter ist es kalt. Im Frühling blühen viele Blumen.
3. a) im Herbst, im Winter, im Sommer

Seite 119:
2. Keebe Dabo
   Paul-Sorge-Straße 9a
   22459 Hamburg

Seite 120:
Nr. 1: die Postleitzahl Nr. 2: die Hausnummer, den Ort
Nr. 3: den Straßennamen, die Postleitzahl
und überall die Briefmarke

Seite 122:
Körperteile: das Bein, der Ringfinger, der Unterarm, das Fußgelenk, der Fingernagel, das Knie
Schreibwaren: das Schreibheft, der Buntstift, der Anspitzer, der Ordner, der Radiergummi
Besteck: der Kaffeelöffel, das Salatbesteck, die Kuchengabel, das Frühstücksmesser, die Suppenkelle

Seite 123:
Lebensmittel: der Käse, die Milch, die Tomatensuppe, der Salat, die Wurst, das Weißbrot, der Kuchen
Geschirr: der Suppenteller, das Weinglas, die Kaffeetasse, die Salatschüssel, die Teekanne, der Kuchenteller, der Kochtopf
Kleidung: die Regenhose, der Pullover, die Winterjacke, der Fingerhandschuh, die Badehose, die Wollmütze, das Sommerkleid
Möbel: der Kindertisch, der Küchenstuhl, der Schreibtisch, das Bücherregal, das Doppelbett, der Kleiderschrank, der Schlafzimmerschrank

Seite 124:
1. Aussagesatz: spielt, das Kind, draußen, mit einem Ball
2. Aussagesatz: rollt, der Ball, auf die Straße

Seite 125:
3. Aussagesatz: arbeitet, Balu, als Briefträger, in Hamburg
4. Aussagesatz: macht, er, eine Pause, jeden Freitag, am Bahnhof

Seite 129:
1. der Termin, die Versichertenkarte, das Rezept
2. Ohren, Augen, Nase, Haut, Zunge, Fieber, Orthopäden, Krankenhaus, Apotheke, Medikament, Die Krankenkasse

Seite 131:
Das Ehepaar Moradi hat ein Kind. Das Hausmeisterehepaar hat Kinder. Frau Fischer wohnt im Dachgeschoss. Das Ehepaar Lauf hat zwei Kinder. Frau Moradi ist Verkäuferin. Im Haus leben drei Kinder und sieben Erwachsene. Im Keller wohnt eine Maus.

Seite 135:
1. Bild: In der Tasse ist kein Kaffee. In der Tasse ist Tee. Die Tasse steht auf der Untertasse.

2. Bild: Das Messer liegt neben dem Teller. Der Löffel liegt auf dem Teller. Der Teller ist leer.
3. Bild: Die Milchkanne ist leer. Im Glas ist etwas Milch.
4. Bild: In dem Brotkorb sind drei Scheiben Brot. Auf dem Teller liegt ein Brot mit Marmelade. Auf dem anderen Brot sind zwei Scheiben Käse.

Seite 141:
2. Peter will einen Kuchen backen. Er rührt den Teig mit dem Handrührgerät.

Seite 161:
2. die Fahrräder, der Roller, das Kinderfahrrad, das Damenfahrrad, das Herrenfahrrad

Seite 162:
2. David ist zu Hause geblieben. Er ist krank gewesen.

Seite 163:
1. (der Reihe nach): bin, ist, sind, sind, sind, sind, ist, ist, sind, ist, ist, bin, ist

Seite 164:
2. 1. Bild: das Fahrrad oder Damenfahrrad 2. Bild: die Fahrkarte 3. Bild: Rad fahren oder Er fährt Rad. 4. Bild: das Fahrgeld 5. Bild: der Busfahrer 6. Bild: die Einfahrt 7. Bild: überfahren 8. Bild: die Zugfahrt 9: die Vorfahrt 10. Bild: die Ausfahrt 11. Bild: die Fahrbahn 12. Bild: die Gefahr

Seite 167:
2. Wo hast du mein Taschenmesser hingelegt? Es liegt auf dem Tisch.

Seite 169:
a) geht b) einen c) zum Kino, zur Schule, zum Bahnhof d) beim Zahnarzt , im Kino e) mit einem Löffel f) Unter dem Baum, In dem Treppenhaus g) fahre

Seite 175:
1. a) Die Frau muss zum Hautarzt. b) Sie muss mit dem Bus fahren, weil ihr altes Auto kaputt ist. c) Viele Personen fahren in die Stadt. Es ist kein Sitzplatz frei. d) Heute scheint die Sonne. Es ist sehr heiß. Sie bekommt Kopfschmerzen. Deshalb kauft sie sich ein Wasser und ein großes Eis ohne Sahne.
2. Substantive: die Frau, der Hautarzt, der Bus, das Auto, die Personen, die Stadt, der Sitzplatz, die Sonne, die Kopfschmerzen, das Wasser, das Eis, die Sahne

Seite 176:
a) : b) : c) ? d) ? e) . f) . g) . h) ? i) Die Frau fragt: „Was soll es kosten?" j) ? k) . l) , m) ,

Seite 180:
1. a) hat b) ist c) hat d) sind e) haben f) haben g) hat h) sind i) sind, haben

Seite 181:
2. Am Montag ist Balu beim Arbeitsamt gewesen. Vorgestern ist er zur Schule gegangen. Heute geht er auch zur Schule. Gestern ist er beim Elternabend gewesen. Morgen kauft er ein. Übermorgen geht er zum Fußball.

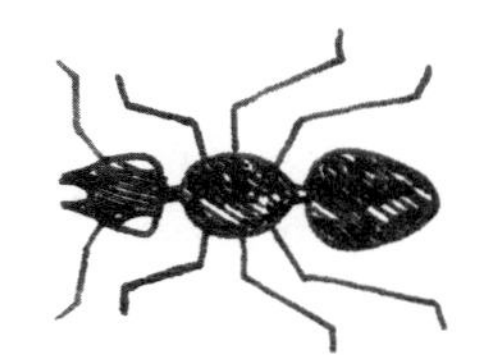

A a

1 ab
2 Abend, der
3 abdecken
4 er deckt ab
5 er hat abgedeckt
6 abfahren
7 er fährt ab
8 er ist abgefahren
9 Abfahrt, die
10 die Abfahrten
11 Absender, der
12 die Absender
13 abtrennen
14 er trennt ab
15 er hat abgetrennt
16 Adjektiv, das
17 die Adjektive
18 Adresse, die
19 die Adressen
20 Afghanistan
21 Afrika
22 ähnlich
23 Akkusativ, der
24 Akte, die
25 die Akten
26 allein, alleine
27 alles
28 Alphabet, das
29 alphabetisch
30 als
31 alt
32 Alter, das
33 am
34 Ameise, die
35 die Ameisen
36 Amerika
37 Ampel, die
38 die Ampeln
39 an
40 andere
41 anders
42 anfahren
43 er fährt an
44 er ist angefahren
45 Anfang, der
46 die Anfänge
47 anfangen
48 er fängt an
49 er hat angefangen
50 Anfangsbuchstabe, der
51 Anführungszeichen, das
52 ankommen
53 er kommt an
54 er ist angekommen
55 ankreuzen
56 er kreuzt an
57 er hat angekreuzt
58 Anlaut-Haus, das
59 anprobieren
60 er probiert an
61 er hat anprobiert
62 Anrufer, der
63 die Anrufer
64 Anschluss, der
65 die Anschlüsse
66 Anspitzer, der
67 die Anspitzer
68 Antwort, die
69 die Antworten
70 antworten
71 er antwortet
72 er hat geantwortet
73 Anzug, der
74 die Anzüge
75 Apfel, der
76 die Äpfel
77 Apotheke, die
78 die Apotheken
79 Apparat, der
80 die Apparate
81 April, der
82 Arbeit, die
83 die Arbeiten
84 arbeiten
85 er arbeitet
86 er hat gearbeitet
87 Arbeiter, der
88 die Arbeiter
89 Arbeitsamt, das
90 die Arbeitsämter
91 Ärger, der
92 Arm, der
93 die Arme
94 Ärmel, der
95 die Ärmel
96 Artikel, der
97 die Artikel
98 Arzt, der
99 die Ärzte
100 Ärztin, die
101 die Ärztinnen
102 Ast, der
103 die Äste
104 Atlas, der
105 die Atlanten
106 auch
107 auf
108 aufbewahren
109 er bewahrt auf
110 er hat aufbewahrt
111 Aufgabe, die
112 die Aufgaben
113 aufräumen
114 er räumt auf
115 er hat aufgeräumt
116 Aufregung, die
117 die Aufregungen
118 aufsetzen (sich)
119 er setzt (sich) auf
120 er hat (sich) aufgesetzt
121 aufstehen
122 er steht auf
123 er ist aufgestanden
124 aufwachen
125 er wacht auf
126 er ist aufgewacht
127 Auge, das
128 die Augen
129 August, der
130 Aula, die
131 aus
132 ausdenken, sich
133 er denkt sich aus
134 er hat sich ausgedacht
135 Ausfahrt, die
136 Ausflug, der
137 ausfüllen
138 er füllt aus
139 er hat ausgefüllt
140 ausprobieren
141 er probiert aus
142 er hat ausprobiert
143 Ausrufezeichen, das
144 Aussage, die

145 die Aussagen
146 Ausschlag, der
147 ausschneiden
148 er schneidet aus
149 er hat ausgeschnitten
150 aussehen
151 er sieht aus
152 er hat ausgesehen
153 aussteigen
154 er steigt aus
155 er ist ausgestiegen
156 aussuchen (sich)
157 er sucht (sich) aus
158 er hat (sich) ausgesucht
159 auswendig
160 Auto, das
161 die Autos

B b

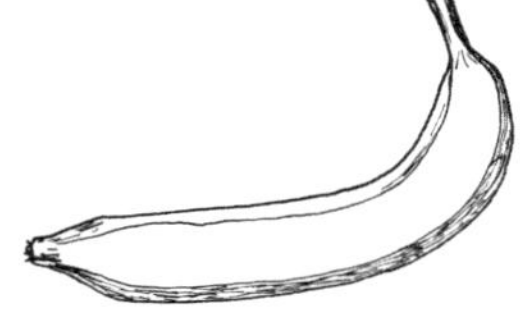

1 Baby, das
2 die Babys
3 backen
4 er bäckt
5 er hat gebacken
6 Bäcker, der
7 die Bäcker
8 Backofen, der
9 Backwaren, die
10 Bad, das
11 die Bäder
12 baden
13 er badet
14 er hat gebadet
15 Bahn, die
16 die Bahnen
17 Bahnhof, der
18 die Bahnhöfe
19 bald
20 Ball, der
21 die Bälle
22 Banane, die
23 die Bananen
24 Band, das
25 die Bänder
26 Bank, die
27 die Bänke
28 die Banken
29 Bau, der
30 Bauch, der
31 die Bäuche
32 bauen
33 er baut
34 er hat gebaut
35 Baum, der
36 die Bäume
37 Baustein, der
38 beantworten
39 er beantwortet
40 er hat beantwortet
41 Becher, der
42 die Becher
43 bedeuten
44 es bedeutet
45 es hat bedeutet
46 Bedeutung, die
47 die Bedeutungen
48 beginnen
49 er beginnt
50 er hat begonnen
51 begrüßen
52 er begrüßt
53 er hat begrüßt
54 Behandlung, die
55 die Behandlungen
56 bei
57 beide
58 Bein, das
59 die Beine
60 Beinbruch, der
61 Beispiel, das
62 bekommen
63 er bekommt
64 er hat bekommen
65 Beruf, der
66 die Berufe
67 beschreiben
68 er beschreibt
69 er hat beschrieben
70 besonders
71 besser ➞ gut
72 Besteck, das
73 die Bestecke
74 bestehen
75 er besteht
76 er hat bestanden
77 bestimmt
78 Besuch, der
79 die Besuche
80 besuchen
81 er besucht
82 er hat besucht
83 beten
84 er betet
85 er hat gebetet
86 betreten
87 er betritt
88 er hat betreten
89 Bett, das
90 die Betten
91 Beutel, der
92 die Beutel
93 bevor
94 Bewegung, die
95 die Bewegungen
96 bewölkt
97 bezahlen
98 er bezahlt
99 er hat bezahlt
100 bezeichnen
101 er bezeichnet
102 er hat bezeichnet
103 Bild, das
104 die Bilder
105 bilden
106 es bildet
107 es hat gebildet
108 billig
109 bin ➞ sein
110 Birne, die
111 die Birnen
112 bis
113 bitte
114 Blatt, das
115 die Blätter
116 blau
117 bleiben
118 er bleibt
119 er ist geblieben
120 Bleistift, der
121 blicken
122 er blickt
123 er hat geblickt
124 blühen
125 er blüht
126 er hat geblüht
127 Blume, die

128 die Blumen
129 Bluse, die
130 die Blusen
131 Boden, der
132 die Böden
133 Bonbon, der
134 die Bonbons
135 Boot, das
136 die Boote
137 Bote, der
138 die Boten
139 boxen
140 er boxt
141 er hat geboxt
142 Brasilien
143 Braten, der
144 die Braten
145 brauchen
146 er braucht
147 er hat gebraucht
148 brechen
149 er bricht
150 er hat gebrochen
151 bremsen
152 er bremst
153 er hat gebremst
154 Brezel, die
155 die Brezeln
156 Brief, der
157 die Briefe
158 Brille, die
159 die Brillen
160 bringen
161 er bringt
162 er hat gebracht
163 Brot, das
164 die Brote
165 Brötchen, das
166 die Brötchen
167 Brücke, die
168 die Brücken
169 Bruder, der
170 die Brüder
171 Buch, das
172 die Bücher
173 Bücherhalle, die
174 die Bücherhallen
175 Buchstabe, der
176 die Buchstaben
177 buchstabieren
178 er buchstabiert
179 er hat buchstabiert
180 Bügel, der
181 die Bügel
182 bügeln
183 er bügelt
184 er hat gebügelt
185 Buggy, der
186 die Buggys
187 bunt
188 Bürste, die
189 die Bürsten
190 Bus, der
191 die Busse
192 Busch, der
193 die Büsche
194 Butter, die

C c

1 Cafe, das
2 die Cafes
3 Cent, der
4 die Cents
5 Chef, der
6 die Chefs
7 China
8 City, die
9 die Citys
10 Clown, der
11 die Clowns
12 Cola, die
13 die Colas
14 Computer, der
15 die Computer

D d

1 da
2 dabei
3 Dach, das
4 die Dächer
5 Dachgeschoss, das
6 dafür
7 damit
8 danach
9 Dank, der
10 dann
11 darauf
12 darf → dürfen
13 darin
14 darüber
15 das
16 dass
17 Dativ, der
18 Datum, das
19 die Daten
20 dazu
21 decken
22 er deckt
23 er hat gedeckt
24 dein
25 deine
26 deklinieren
27 er dekliniert
28 er hat dekliniert
29 dem
30 den
31 denken
32 er denkt
33 er hat gedacht
34 denn
35 der
36 des
37 deshalb
38 deutsch
39 Deutschkurs, der
40 Deutschland
41 Dezember, der
42 Dialog, der
43 die Dialoge
44 dich
45 dick
46 Dienstag, der
47 die
48 diese
49 dieser
50 dieses
51 Ding, das
52 die Dinge
53 dir
54 direkt
55 doch
56 Doktor, der
57 die Doktoren
58 Domino, das

59 die Dominos
60 Donnerstag, der
61 doppelt
62 dort
63 Dose, die
64 die Dosen
65 draußen
66 dreckig
67 drei
68 dreißig
69 dritte
70 drucken
71 er druckt
72 er hat gedruckt
73 du
74 dünn
75 Durcheinander, das
76 Durchfall, der
77 durchstreichen
78 er streicht durch
79 er hat durchgestrichen
80 dürfen
81 er darf
82 er hat gedurft
83 Dusche, die
84 die Duschen
85 duschen
86 er duscht
87 er hat geduscht

E e

1 Ecke, die
2 die Ecken
3 Ehe, die
4 die Ehen
5 Ehepaar, das
6 die Ehepaare
7 Ei, das
8 die Eier
9 eigentlich
10 Eimer, der
11 die Eimer
12 ein
13 eine
14 Einfahrt, die
15 einfarbig
16 einfügen
17 er fügt ein
18 er hat eingefügt
19 Eingang, der
20 die Eingänge
21 einige
22 einkaufen
23 er kauft ein
24 er hat eingekauft
25 Einkaufswagen, der
26 Einladung, die
27 die Einladungen
28 einmal
29 einpacken
30 er packt ein
31 er hat eingepackt
32 eins
33 einschlafen
34 er schläft ein
35 er ist eingeschlafen
36 einsetzen
37 er setzt ein
38 er hat eingesetzt
39 einsteigen
40 er steigt ein
41 er ist eingestiegen
42 Eintritt, der
43 Einzahl, die
44 einzig
45 Eis, das
46 Eisen, das
47 Eismann, der
48 Elefant, der
49 die Elefanten
50 elektrisch
51 Elektroherd, der
52 die Elektroherde
53 elf
54 Eltern, die
55 Ende, das
56 die Enden
57 Endung, die
58 die Endungen
59 England
60 Enkelkind, das
61 Ente, die
62 die Enten
63 Entscheidung, die
64 die Entscheidungen
65 entschuldigen, sich
66 er entschuldigt sich
67 er hat sich entschuldigt
68 er
69 Erdbeere, die
70 die Erdbeeren
71 Erdgeschoss, das
72 ergänzen
73 er ergänzt
74 er hat ergänzt
75 Ergänzung, die
76 die Ergänzungen
77 erkälten, sich
78 er erkältet sich
79 er hat sich erkältet
80 Erkältung, die
81 erreichbar
82 erreichen
83 er erreicht
84 er hat erreicht
85 ersetzen
86 er ersetzt
87 er hat ersetzt
88 erst
89 erste
90 Erwachsene, der, die
91 die Erwachsenen
92 erzählen
93 er erzählt
94 er hat erzählt
95 es
96 essen
97 er isst
98 er hat gegessen
99 etwa
100 etwas
101 euch
102 euer
103 eure
104 Eule, die
105 die Eulen
106 Euro, der
107 die Euros

F f

2 die Fächer
3 Fahrbahn, die
4 Fähre, die
5 die Fähren

6 fahren
7 er fährt
8 er ist gefahren
9 Fahrer, der
10 die Fahrer
11 Fahrkarte, die
12 Fahrrad, das
13 Fahrt, die
14 die Fahrten
15 Fall, der
16 die Fälle
17 fallen
18 er fällt
19 er ist gefallen
20 falsch
21 Familie, die
22 die Familien
23 Farbe, die
24 die Farben
25 fast
26 Februar, der
27 Federtasche, die
28 fehlen
29 er fehlt
30 er hat gefehlt
31 Feld, das
32 die Felder
33 Femininum, das
34 Fenster, das
35 die Fenster
36 Ferien, die
37 fernsehen
38 er sieht fern
39 er hat ferngesehen
40 Fernseher, der
41 die Fernseher
42 fest
43 Fete, die
44 die Feten
45 fett
46 Feuer, das
47 die Feuer
48 Fieber, das
49 finden
50 er findet
51 er hat gefunden
52 Finger, der
53 die Finger
54 Finnland
55 Fisch, der
56 die Fische
57 Flasche, die
58 die Flaschen
59 Fleisch, das
60 Fleischwaren, die
61 fliegen
62 er fliegt
63 er ist geflogen
64 Flug, der
65 die Flüge
66 Flugzeug, das
67 die Flugzeuge
68 Fluss, der
69 die Flüsse
70 Föhn, der
71 die Föhne
72 föhnen (sich)
73 er föhnt (sich)
74 er hat (sich) geföhnt
75 Form, die
76 die Formen
77 formell
78 fotografieren
79 er fotografiert
80 er hat fotografiert
81 Frage, die
82 die Fragen
83 fragen
84 er fragt
85 er hat gefragt
86 Frankreich
87 Frau, die
88 die Frauen
89 freimachen
90 er macht frei
91 er hat freigemacht
92 Freitag, der
93 Fremdwort, das
94 fressen
95 er frisst
96 er hat gefressen
97 freuen, sich
98 er freut sich
99 er hat sich gefreut
100 Freund, der
101 die Freunde
102 Freundin, die
103 die Freundinnen
104 Frisör, der
105 die Frisöre
106 Frühling, der
107 Frühstück, das
108 frühstücken
109 er frühstückt
110 er hat gefrühstückt
111 fühlen
112 er fühlt
113 er hat gefühlt
114 Führerschein, der
115 die Führerscheine
116 Füller, der
117 die Füller
118 Füllung, die
119 die Füllungen
120 fünf
121 für
122 furchtbar
123 Fuß, der
124 die Füße
125 Fußball, der

G g

1 Gabel, die
2 die Gabeln
3 ganz
4 Garten, der
5 die Gärten
6 geben
7 er gibt
8 er hat gegeben
9 gebraucht
10 Gebühr, die
11 die Gebühren
12 Geburtstag, der
13 Gefahr, die
14 die Gefahren
15 gefallen
16 es gefällt ihm
17 es hat ihm gefallen
18 gegen
19 Gegenwart, die
20 gehen
21 er geht
22 er ist gegangen
23 Gehirnerschütterung, die
24 gehören
25 es gehört ihm

26 es hat ihm gehört
27 gelb
28 Geld, das
29 Gelenk, das
30 die Gelenke
31 Gemüse, das
32 genau
33 Gepäck, das
34 gerade
35 geradeaus
36 Gerät, das
37 die Geräte
38 gern, gerne
39 Geschäft, das
40 die Geschäfte
41 geschehen
42 es geschieht
43 es ist geschehen
44 Geschenk, das
45 die Geschenke
46 Geschichte, die
47 die Geschichten
48 geschieden
49 Geschirr, das
50 gestern
51 gestreift
52 gesund
53 gewinnen
54 er gewinnt
55 er hat gewonnen
56 Ghana
57 gießen
58 er gießt
59 er hat gegossen
60 Glas, das
61 die Gläser
62 gleich
63 Glied, das
64 die Glieder
65 gliedern
66 er gliedert
67 er hat gegliedert
68 Globus, der
69 Glück, das
70 Gramm, das
71 Grammatik, die
72 Gras, das
73 die Gräser
74 Grenze, die
75 die Grenzen
76 groß
77 Größe, die
78 die Größen
79 grün
80 Grund, der
81 die Gründe
82 Gruß, der
83 die Grüße
84 grüßen
85 er grüßt
86 er hat gegrüßt
87 Gurke, die
88 die Gurken
89 gut

H h

1 Haar, das
2 die Haare
3 haben
4 er hat
5 er hat gehabt
6 Hafen, der
7 die Häfen
8 halb
9 Halle, die
10 die Hallen
11 hallo
12 Hals, der
13 die Hälse
14 Haltestelle, die
15 Hamburg
16 Hand, die
17 die Hände
18 Handlung, die
19 die Handlungen
20 Handschuh, der
21 Handy, das
22 die Handys
23 hängen
24 er hängt
25 er hat gehängt
26 hat → haben
27 häufig
28 Haus, das
29 die Häuser
30 Hausaufgabe, die
31 Haushalt, der
32 die Haushalte
33 Haushaltsgerät, das
34 Hausmeister, der
35 die Hausmeister
36 Haut, die
37 Heft, das
38 die Hefte
39 Hefter, der
40 die Hefter
41 heiß
42 heißen
43 er heißt
44 er hat geheißen
45 helfen
46 er hilft
47 er hat geholfen
48 Hemd, das
49 die Hemden
50 herausfallen
51 er fällt heraus
52 er ist herausgefallen
53 herausschreiben
54 er schreibt heraus
55 er hat herausgeschrieben
56 Herbst, der
57 Herr, der
58 die Herren
59 Herz, das
60 die Herzen
61 herzlich
62 heute
63 Hexe, die
64 die Hexen
65 hier
66 Hilfe, die
67 die Hilfen
68 hinfallen
69 er fällt hin
70 er ist hingefallen
71 hingehen
72 er geht hin
73 er ist hingegangen
74 hinlegen
75 er legt hin
76 er hat hingelegt
77 hinter
78 hoch
79 holen
80 er holt
81 er hat geholt

82 Honig, der
83 hören
84 er hört
85 er hat gehört
86 Hörer, der
87 die Hörer
88 Hose, die
89 die Hosen
90 Hund, der
91 die Hunde
92 hundert
93 Hunger, der
94 Husten, der
95 Hut, der
96 die Hüte
97 Hütte, die
98 die Hütten

I i

1 ich
2 Igel, der
3 die Igel
4 ihm
5 ihr
6 ihre
7 im
8 immer
9 in
10 Indianer, der
11 die Indianer
12 Infinitiv, der
13 Intercity, der
14 Internet-Café, das
15 die Internet-Cafés
16 Internist, der
17 Iran, der
18 ist → sein

J j

1 ja
2 Jacke, die
3 die Jacken
4 Jahr, das
5 die Jahre
6 Jahreszeit, die
7 Januar, der
8 Jeans, die
9 die Jeans
10 jede
11 jeder
12 jedes
13 jedoch
14 jemand
15 jetzt
16 Jogurt
17 Juli, der
18 jung
19 Junge, der
20 die Jungen
21 Juni, der

K k

1 Kabel, das
2 die Kabel
3 Kaffee, der
4 Kalender, der
5 die Kalender
6 kalt
7 kann □ können
8 Kanne, die
9 die Kannen
10 kaputt
11 Kapuze, die
12 die Kapuzen
13 Karte, die
14 die Karten
15 Kartoffel, die
16 die Kartoffeln
17 Käse, der
18 Kasse, die
19 die Kassen
20 Kassierer, der
21 die Kassierer
22 Kästchen, das
23 die Kästchen
24 Kasten, der
25 die Kästen
26 Katze, die
27 die Katzen
28 kaufen
29 er kauft
30 er hat gekauft
31 Kaufhaus, das
32 die Kaufhäuser
33 kein
34 keine
35 Keks, der
36 die Kekse
37 Kelle, die
38 die Kellen
39 Keller, der
40 die Keller
41 Kellner, der
42 die Kellner
43 kennen
44 er kennt
45 er hat gekannt
46 kennenlernen
47 er lernt kennen
48 er hat kennengelernt
49 kennzeichnen
50 er kennzeichnet
51 er hat gekennzeichnet
52 Kern, der
53 die Kerne
54 Kerze, die
55 die Kerzen
56 Kilogramm, das
57 Kind, das
58 die Kinder
59 Kindergarten, der
60 die Kindergärten
61 Kino, das
62 die Kinos
63 Kirche, die
64 die Kirchen
65 Kirsche, die
66 die Kirschen
67 Klammer, die
68 die Klammern
69 klappen
70 er klappt
71 er hat geklappt
72 klar
73 kleben
74 er klebt
75 er hat geklebt
76 Kleid, das
77 die Kleider
78 Kleidung, die
79 klein

80 Klima, das
81 Knie, das
82 die Knie
83 Knochen, der
84 die Knochen
85 Koch, der
86 die Köche
87 kochen
88 er kocht
89 er hat gekocht
90 Köchin, die
91 die Köchinnen
92 Kollege, der
93 die Kollegen
94 Komma, das
95 die Kommas
96 kommen
97 er kommt
98 er ist gekommen
99 konjugieren
100 er konjugiert
101 er hat konjugiert
102 können
103 er kann
104 er hat gekonnt
105 Konsonant, der
106 die Konsonanten
107 Konzert, das
108 die Konzerte
109 Kopf, der
110 die Köpfe
111 Korb, der
112 die Körbe
113 Körper, der
114 die Körper
115 kosten
116 es kostet
117 es hat gekostet
118 kostenlos
119 Kragen, der
120 die Kragen
121 Kran, der
122 die Kräne
123 krank
124 Krankenhaus, das
125 Krankenkasse, die
126 Krankenpfleger, der
127 Krankenschwester, die
128 Krankenwagen, der
129 Krankheit, die
130 die Krankheiten
131 kratzen
132 er kratzt
133 er hat gekratzt
134 Kreuzung, die
135 die Kreuzungen
136 Küche, die
137 die Küchen
138 Kuchen, der
139 die Kuchen
140 kühlen
141 er kühlt
142 er hat gekühlt
143 Kühlschrank, der
144 Kunde, der
145 die Kunden
146 Kurs, der
147 die Kurse
148 kurz

L l

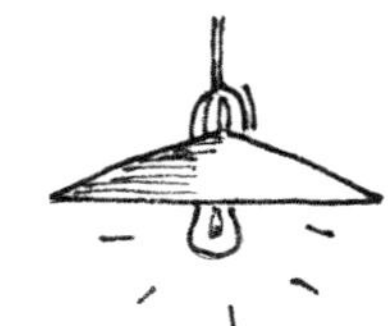

1 Labor, das
2 lachen
3 er lacht
4 er hat gelacht
5 Laden, der
6 die Läden
7 Lampe, die
8 die Lampen
9 Land, das
10 die Länder
11 lang
12 langsam
13 lassen
14 er lässt
15 er hat gelassen
16 laufen
17 er läuft
18 er ist gelaufen
19 laut
20 Laut, der
21 die Laute
22 leben
23 er lebt
24 er hat gelebt
25 Lebensmittel, das
26 lecker
27 leer
28 legen
29 er legt
30 er hat gelegt
31 Lehrer, der
32 die Lehrer
33 leicht
34 leider
35 Leine, die
36 die Leinen
37 leise
38 Lektion, die
39 die Lektionen
40 Lernwort, das
41 lesen
42 er liest
43 er hat gelesen
44 Lexikon, das
45 die Lexika
46 Liter, der
47 Löffel, der
48 die Löffel
49 losgehen
50 er geht los
51 er ist losgegangen
52 loslaufen
53 er läuft los
54 er ist losgelaufen
55 Lösung, die
56 die Lösungen
57 Lotto, das
58 Lunge, die
59 die Lungen
60 lustig

M m

1 machen
2 er macht
3 er hat gemacht
4 Mädchen, das
5 die Mädchen
6 mag → mögen
7 Magen, der
8 die Mägen
9 Magnet, der
10 die Magnete
11 Mal, das

12 die Male
13 malen
14 er malt
15 er hat gemalt
16 Mama, die
17 man
18 manchmal
19 Mann, der
20 die Männer
21 Mantel, der
22 die Mäntel
23 Marke, die
24 die Marken
25 markieren
26 er markiert
27 er hat markiert
28 Markt, der
29 die Märkte
30 Marmelade, die
31 die Marmeladen
32 März, der
33 Maschine, die
34 die Maschinen
35 Maskulinum, das
36 Mauer, die
37 die Mauer
38 Maus, die
39 die Mäuse
40 Mechaniker, der
41 die Mechaniker
42 Medikament, das
43 die Medikamente
44 Meer, das
45 die Meere
46 Mehl, das
47 mehr
48 Mehrzahl, die
49 mein
50 meine
51 meinen
52 er meint
53 er hat gemeint
54 meistens
55 Memory, das
56 Mensch, der
57 die Menschen
58 Messer, das
59 die Messer
60 Meter, der
61 mich
62 Miete, die
63 die Mieten
64 Milch, die
65 Milchprodukt, das
66 die Milchprodukte
67 Minute, die
68 die Minuten
69 mit
70 mitbringen
71 er bringt mit
72 er hat mitgebracht
73 mitgehen
74 er geht mit
75 er ist mitgegangen
76 mitkommen
77 er kommt mit
78 er ist mitgekommen
79 mitnehmen
80 er nimmt mit
81 er hat mitgenommen
82 Mittag, der
83 mittags
84 Mitte, die
85 die Mitten
86 Mittel, das
87 die Mittel
88 Mitternacht, die
89 Mittwoch, der
90 Möbel, die
91 möchten
92 er möchte
93 er hat gemocht
94 Modalverb, das
95 die Modalverben
96 mögen
97 er mag
98 er hat gemocht
99 Möhre, die
100 die Möhren
101 Monat, der
102 die Monate
103 Montag, der
104 montags
105 Morgen, der
106 morgen
107 morgens
108 Moschee, die
109 die Moscheen
110 Motor, der
111 die Motoren
112 müde
113 Mund, der
114 die Münder
115 Museum, das
116 die Museen
117 Musik, die
118 muss → müssen
119 müssen
120 er muss
121 er hat gemusst
122 Mut, der
123 Mutter, die
124 die Mütter
125 Mütze, die
126 die Mützen

N n

1 nach
2 Nachbar, der
3 die Nachbarn
4 Nachmittag, der
5 nachmittags
6 nachsehen
7 er sieht nach
8 er hat nachgesehen
9 nächste
10 Nacht, die
11 die Nächte
12 Nagel, der
13 die Nägel
14 nähen
15 er näht
16 er hat genäht
17 Name, der
18 die Namen
19 Nase, die
20 die Nasen
21 nass
22 natürlich
23 neben
24 nehmen
25 er nimmt
26 er hat genommen
27 nein
28 nennen
29 er nennt
30 er hat genannt

31 Netz, das
32 die Netze
33 neu
34 neun
35 Neutrum, das
36 nicht
37 nie
38 noch
39 Nomen, das
40 die Nomen
41 Nominativ, der
42 notieren
43 er notiert
44 er hat notiert
45 November, der
46 Null, die
47 die Nullen
48 Nummer, die
49 die Nummern
50 nummerieren
51 er nummeriert
52 er hat nummeriert
53 nun
54 nur
55 Nuss, die
56 die Nüsse

O o

1 ob
2 oben
3 Oberbegriff, der
4 die Oberbegriffe
5 Oberkörper, der
6 die Oberkörper
7 obig
8 Obst, das
9 oder
10 Ofen, der
11 die Öfen
12 offen
13 oft
14 ohne
15 Ohr, das
16 die Ohren
17 Oktober, der
18 Öl, das
19 die Öle
20 Olympia
21 Oma, die
22 die Omas
23 Opa, der
24 die Opas
25 Orange, die
26 die Orangen
27 Orangensaft, der
28 Orchester, das
29 die Orchester
30 ordnen
31 er ordnet
32 er hat geordnet
33 Ordner, der
34 die Ordner
35 Ordnung, die
36 die Ordnungen
37 Ort, der
38 die Orte
39 Orthopäde, der
40 Österreich
41 Ostsee, die

P p

1 Paar, das
2 die Paare
3 paar
4 packen
5 er packt
6 er hat gepackt
7 Packung, die
8 die Packungen
9 Paket, das
10 die Pakete
11 Papa, der
12 Papier, das
13 Pappe, die
14 Park, der
15 die Parks
16 parken
17 er parkt
18 er hat geparkt
19 Partizip, das
20 Partner, der
21 die Partner
22 Party, die
23 die Partys
24 passen
25 er passt
26 er hat gepasst
27 passend
28 passieren
29 es passiert
30 es ist passiert
31 Patient, der
32 die Patienten
33 Pause, die
34 die Pausen
35 Pech, das
36 Perfekt, das
37 Person, die
38 die Personen
39 Personalpronomen, das
40 die Personalpronomen
41 Peru
42 Pfanne, die
43 die Pfannen
44 Pfeil, der
45 die Pfeile
46 Pflanze, die
47 die Pflanzen
48 Pflaster, das
49 die Pflaster
50 Pflaume, die
51 die Pflaumen
52 Pfleger, der
53 die Pfleger
54 Pfund, das
55 Pizza, die
56 die Pizzas
57 Plan, der
58 die Pläne
59 Platz, der
60 die Plätze
61 plötzlich
62 Plural, der
63 Polizei, die
64 Portion, die
65 die Portionen
66 Position, die
67 die Positionen
68 Possessivpronomen, das
69 Post, die
70 Postkarte, die
71 Postleitzahl, die
72 praktisch
73 Präposition, die

74 die Präpositionen
75 Präsens, das
76 Praxis, die
77 die Praxen
78 Preis, der
79 die Preise
80 probieren
81 er probiert
82 er hat probiert
83 Programm, das
84 die Programme
85 Pronomen, das
86 die Pronomen
87 Prozent, das
88 die Prozente
89 Pullover, der
90 die Pullover
91 Punkt, der
92 die Punkte
93 Puppe, die
94 die Puppen
95 putzen
96 er putzt
97 er hat geputzt
98 puzzeln
99 er puzzelt
100 er hat gepuzzelt
101 Puzzle, das
102 die Puzzles

Q q

1 Qualle, die
2 die Quallen
3 Quark
4 Quartett, das
5 die Quartette
6 quietschen
7 er quietscht
8 er hat gequietscht

R r

1 Rad, das
2 die Räder
3 radieren
4 er radiert
5 er hat radiert
6 Radiergummi, der
7 die Radiergummis
8 Radio, das
9 die Radios
10 Rand, der
11 die Ränder
12 rasieren (sich)
13 er rasiert (sich)
14 er hat (sich) rasiert
15 Rätsel, das
16 die Rätsel
17 rauchen
18 er raucht
19 er hat geraucht
20 Raum, der
21 die Räume
22 rechnen
23 er rechnet
24 er hat gerechnet
25 rechts
26 Rechtschreibung, die
27 rechtzeitig
28 Rede, die
29 die Reden
30 reden
31 er redet
32 er hat geredet
33 Regal, das
34 die Regale
35 Regen, der
36 regnen
37 es regnet
38 es hat geregnet
39 Reihenfolge, die
40 die Reihenfolgen
41 Reimwort, das
42 reisen
43 er reist
44 er ist gereist
45 reißen
46 er reißt
47 er hat gerissen
48 Reizung, die
49 rennen
50 er rennt
51 er ist gerannt
52 Reparatur, die
53 die Reparaturen
54 reparieren
55 er repariert
56 er hat repariert
57 Restaurant, das
58 die Restaurants
59 Rezept, das
60 die Rezepte
61 richten
62 er richtet
63 er hat gerichtet
64 richtig
65 riechen
66 er riecht
67 er hat gerochen
68 Ring, der
69 die Ringe
70 Rock, der
71 die Röcke
72 rollen
73 er rollt
74 er ist gerollt
75 Roller, der
76 die Roller
77 rot
78 Rücken, der
79 die Rücken
80 Ruder, das
81 die Ruder
82 rufen
83 er ruft
84 er hat gerufen
85 rühren
86 er rührt
87 er hat gerührt
88 Rumänien
89 rund

S s

1 Sache, die
2 die Sachen
3 Saft, der
4 die Säfte
5 sagen
6 er sagt
7 er hat gesagt
8 Sahne, die
9 Salat, der

10 die Salate
11 Samstag, der
12 Sand, der
13 Sandale, die
14 die Sandalen
15 Sandkiste, die
16 die Sandkisten
17 Satz, der
18 die Sätze
19 saugen
20 er saugt
21 er hat gesaugt
22 schaffen
23 er schafft
24 er hat geschafft
25 Schal, der
26 die Schals
27 Schale, die
28 die Schalen
29 schälen
30 er schält
31 er hat geschält
32 Schaufel, die
33 die Schaufeln
34 Schaufenster, das
35 Schaukel, die
36 die Schaukeln
37 Scheibe, die
38 die Scheiben
39 scheinen
40 er scheint
41 er hat geschienen
42 schenken
43 er schenkt
44 er hat geschenkt
45 Schere, die
46 die Scheren
47 schicken
48 er schickt
49 er hat geschickt
50 schieben
51 er schiebt
52 er hat geschoben
53 schießen
54 er schießt
55 er hat geschossen
56 Schiff, das
57 die Schiffe
58 schimpfen
59 er schimpft
60 er hat geschimpft
61 Schinken, der
62 die Schinken
63 Schlachter, der
64 die Schlachter
65 schlafen
66 er schläft
67 er hat geschlafen
68 schlaff
69 Schleife, die
70 die Schleifen
71 schließen
72 er schließt
73 er hat geschlossen
74 Schließfach, das
75 schlimm
76 Schluss, der
77 Schlüssel, der
78 die Schlüssel
79 schmecken
80 er schmeckt
81 er geschmeckt
82 Schmerz, der
83 die Schmerzen
84 schmieren
85 er schmiert
86 er hat geschmiert
87 Schnee, der
88 schneiden
89 er schneidet
90 er hat geschnitten
91 Schneider, der
92 die Schneider
93 schneien
94 es schneit
95 es hat geschneit
96 schnell
97 Schnupfen, der
98 schon
99 schön
100 Schrank, der
101 die Schränke
102 schreiben
103 er schreibt
104 er hat geschrieben
105 Schreibwaren, die
106 Schrift, die
107 die Schriften
108 Schuh, der
109 die Schuhe
110 Schule, die
111 die Schulen
112 Schüler, der
113 die Schüler
114 Schulkonzert, das
115 die Schulkonzerte
116 Schulter, die
117 die Schultern
118 Schüssel, die
119 die Schüsseln
120 schwach
121 Schwanz, der
122 die Schwänze
123 schwarz
124 Schwein, das
125 die Schweine
126 schwer
127 Schwester, die
128 die Schwestern
129 Schwimmbad, das
130 schwimmen
131 er schwimmt
132 er ist geschwommen
133 sechs
134 sechzehn
135 sechzig
136 See, der
137 die Seen
138 See, die
139 Segel, das
140 die Segel
141 sehen
142 er sieht
143 er hat gesehen
144 sehr
145 sein
146 seine
147 sein
148 er ist
149 er ist gewesen
150 seit
151 Seite, die
152 die Seiten
153 Sekretärin, die
154 die Sekretärinnen
155 Sekunde, die
156 die Sekunden
157 senkrecht
158 September, der
159 Sessel, der

160 die Sessel
161 sich
162 sie
163 sieben
164 siebzehn
165 siebzig
166 Silbe, die
167 die Silben
168 sind sein
169 Singular, der
170 sinnvoll
171 Sitz, der
172 die Sitze
173 sitzen
174 er sitzt
175 er hat gesessen
176 so
177 Socke, die
178 die Socken
179 Sofa, das
180 die Sofas
181 sogar
182 Sohn, der
183 die Söhne
184 sollen
185 er soll
186 Sommer, der
187 Sonne, die
188 die Sonnen
189 sonnen, sich
190 er sonnt sich
191 er hat sich gesonnt
192 Sonntag, der
193 sortieren
194 er sortiert
195 er hat sortiert
196 spannend
197 Spaß, der
198 die Späße
199 spät
200 spazieren
201 er spaziert
202 er ist spaziert
203 Spiegel, der
204 die Spiegel
205 Spiel, das
206 die Spiele
207 spielen
208 er spielt
209 er hat gespielt
210 Spielplatz, der
211 Spinne, die
212 die Spinnen
213 Sport, der
214 Sprache, die
215 die Sprachen
216 Sprechblase, die
217 die Sprechblasen
218 sprechen
219 er spricht
220 er hat gesprochen
221 springen
222 er springt
223 er ist gesprungen
224 Spritze, die
225 die Spritzen
226 spülen
227 er spült
228 er hat gespült
229 Spülmaschine, die
230 Stadion, das
231 Stadt, die
232 die Städte
233 Stadtplan, der
234 Stamm, der
235 die Stämme
236 Stein, der
237 die Steine
238 Stelle, die
239 die Stellen
240 stellen
241 er stellt
242 er hat gestellt
243 Stichwort, das
244 Stiel, der
245 die Stiele
246 Stift, der
247 die Stifte
248 stimmen
249 es stimmt
250 es hat gestimmt
251 Strand, der
252 die Strände
253 Straße, die
254 die Straßen
255 Straßenbahn, die
256 Straßenname, der
257 Strauch, der
258 die Sträucher
259 Streifen, der
260 die Streifen
261 Strich, der
262 die Striche
263 Stück, das
264 die Stücke
265 Stuhl, der
266 die Stühle
267 Stunde, die
268 die Stunden
269 Substantiv, das
270 die Substantive
271 suchen
272 er sucht
273 er hat gesucht
274 Süddeutschland
275 Supermarkt, der
276 Suppe, die
277 die Suppen
278 Synagoge, die
279 die Synagogen
280 Syrien

T t

1 Tabelle, die
2 die Tabellen
3 Tablett, das
4 die Tabletts
5 Tablette, die
6 die Tabletten
7 Tag, der
8 die Tage
9 Tageszeit, die
10 Tankstelle, die
11 die Tankstellen
12 Tasche, die
13 die Taschen
14 Tasse, die
15 die Tassen
16 Taste, die
17 die Tasten
18 Taube, die
19 die Tauben
20 Taxi, das
21 die Taxis
22 Teddy, der
23 die Teddys
24 Tee, der

25 Teig, der
26 Teil, der, das
27 die Teile
28 Telefon, das
29 die Telefone
30 telefonieren
31 er telefoniert
32 er hat telefoniert
33 telefonisch
34 Teller, der
35 die Teller
36 Temperatur, die
37 die Temperaturen
38 Tennis, das
39 Teppich, der
40 die Teppiche
41 Termin, der
42 die Termine
43 teuer
44 Text, der
45 die Texte
46 Theater, das
47 die Theater
48 Thema, das
49 die Themen
50 Tier, das
51 die Tiere
52 Tisch, der
53 die Tische
54 Tochter, die
55 die Töchter
56 Tomate, die
57 die Tomaten
58 Topf, der
59 die Töpfe
60 Tor, das
61 die Tore
62 Träger, der
63 die Träger
64 treffen
65 er trifft
66 er hat getroffen
67 trennbar
68 trennen
69 er trennt
70 er hat getrennt
71 Treppe, die
72 die Treppen
73 Treppenhaus, das
74 trinken
75 er trinkt
76 er hat getrunken
77 trocknen
78 er trocknet
79 er hat (ist) getrocknet
80 Tschüs
81 Tuch, das
82 die Tücher
83 tun
84 er tut
85 er hat getan
86 Tunnel, der
87 die Tunnel
88 Tür, die
89 die Türen
90 Türkei, die
91 Turm, der
92 die Türme
93 Tüte, die
94 die Tüten

U u

1 U-Bahn, die
2 üben
3 er übt
4 er hat geübt
5 über
6 überfahren
7 er überfährt
8 er hat überfahren
9 Überholverbot, das
10 überlegen
11 er überlegt
12 er hat überlegt
13 überqueren
14 er überquert
15 er hat überquert
16 Überschrift, die
17 Übung, die
18 die Übungen
19 Uhr, die
20 die Uhren
21 um
22 umbinden
23 er bindet um
24 er hat umgebunden
25 umkreisen
26 er umkreist
27 er hat umkreist
28 umrühren
29 er rührt um
30 er hat umgerührt
31 ums
32 Umschlag, der
33 die Umschläge
34 unbedingt
35 und
36 Unfall, der
37 Ungarn
38 unser
39 unsere
40 Unsinn, der
41 unter
42 unterhalten
43 er unterhält
44 er hat unterhalten
45 Unterhemd, das
46 Unterhose, die
47 Unterricht, der
48 unterstreichen
49 er unterstreicht
50 er hat unterstrichen
51 Untertasse, die
52 Unterwäsche, die
53 Urlaub, der

V v

1 Vater, der
2 die Väter
3 verabreden
4 er verabredet
5 er hat verabredet
6 verändern
7 er verändert
8 er hat verändert
9 Veränderung, die
10 die Veränderungen
11 Verb, das
12 die Verben
13 Verband, der
14 die Verbände
15 verbessern
16 er verbessert
17 er hat verbessert

18 verbinden
19 er verbindet
20 er hat verbunden
21 Verbindung, die
22 die Verbindungen
23 Verbot, das
24 die Verbote
25 Vergangenheit, die
26 vergessen
27 er vergisst
28 er hat vergessen
29 vergleichen
30 er vergleicht
31 er hat verglichen
32 verheiratet
33 verkaufen
34 er verkauft
35 er hat verkauft
36 Verkäufer, der
37 die Verkäufer
38 Verkehr, der
39 Verkehrsmittel, das
40 verlaufen
41 er verläuft (sich)
42 er hat (sich) verlaufen
43 Verleih, der
44 verletzen
45 er verletzt
46 er hat verletzt
47 verletzt
48 Verletzung, die
49 die Verletzungen
50 verlieren
51 er verliert
52 er hat verloren
53 verreisen
54 er verreist
55 er ist verreist
56 verrutschen
57 er verrutscht
58 er ist verrutscht
59 verschenken
60 er verschenkt
61 er hat verschenkt
62 verschlafen
63 er verschläft
64 er hat verschlafen
65 verschreiben
66 er verschreibt
67 er hat verschrieben
68 Versicherte, der, die
69 die Versicherten
70 Versichertenkarte, die
71 Versicherung, die
72 die Versicherungen
73 versorgen
74 er versorgt
75 er hat versorgt
76 Verständnis, das
77 verstauchen
78 er verstaucht
79 er hat verstaucht
80 verstecken
81 er versteckt
82 er hat versteckt
83 vertraut
84 verwandt
85 Verwandte, der, die
86 die Verwandten
87 verwenden
88 er verwendet
89 er hat verwendet
90 viel
91 vielleicht
92 vier
93 Viertel, das
94 Vogel, der
95 die Vögel
96 Vokal, der
97 die Vokale
98 Volkshochschule, die
99 voll
100 vom
101 von
102 vor
103 Vorbereitung, die
104 die Vorbereitungen
105 Vorfahrt, die
106 vorgestern
107 vorhaben
108 Vorhang, der
109 die Vorhänge
110 vorlesen
111 er liest vor
112 er hat vorgelesen
113 Vormittag, der
114 vormittags
115 Vorsilbe, die
116 vorspielen
117 er spielt vor
118 er hat vorgespielt
119 vorstellen
120 er stellt vor
121 er hat vorgestellt
122 Vorwahl, die

W w

1 Wagen, der
2 die Wagen
3 wählen
4 er wählt
5 er hat gewählt
6 während
7 Wald, der
8 die Wälder
9 Wand
10 die Wände
11 wann
12 war → sein
13 wäre → sein
14 Ware, die
15 die Waren
16 warm
17 warten
18 er wartet
19 er hat gewartet
20 warum
21 was
22 Wäsche, die
23 waschen (sich)
24 er wäscht (sich)
25 er hat (sich) gewaschen
26 Wasser, das
27 Wasserhahn, der
28 die Wasserhähne
29 Wasserkocher, der
30 die Wasserkocher
31 weg
32 Weg, der
33 die Wege
34 wegfahren
35 er fährt weg
36 er ist weggefahren
37 weggehen
38 er geht weg
39 er ist weggegangen
40 wehtun